나를 사랑하사
나를 위하여

곽태경

1981년 서울 출생. 한동대학교에서 국제지역학과 언론정보학을 전공했다. 1년간 기자로 일했다. 이후 이런저런 일을 하고 있다. 수필집 『그러면, 다시 한 번』을 펴냈다. 제목 『나를 사랑하사 나를 위하여』는 갈라디아서 2장 20절을 담았다.

나를 사랑하사
나를 위하여

곽태경 에세이

좋은땅

마음의 문을 열며

눈맞춤

　눈이 마주쳤다. 정확히 얘기하면 눈이 마주치는 것을 피하기 위해 다른 곳을 곁눈질하는 것을 서로 보았다. 평소에 예쁘장하다고 생각한 그녀였다. 속마음을 들키지 않기 위해 일부러 무관심한 척, 태연한 척했지만 우연히 내 곁을 지나갈 때마다 눈이 가는 것은 어쩔 수 없었다. 한 번은 엘리베이터를 타는데 사람이 꽤 많았다. 두세 명 정도 더 탈 수 있는 자리가 남아 있었는데 그녀가 내 가슴을 몸으로 살짝 밀며 엘리베이터에 올랐다. 그럴 거면 차라리 내 가슴에 확 안겼으면 좋았을 것을. 엘리베이터가 너무 빨리 내려가 아쉬웠다.

　글을 쓴다는 것은 좋아하는 사람과 눈을 마주치는 일이다. 설레고 떨린다. 무료하고 지루한 일상 속에서 그녀와 눈을 마주치면 갑자기 삶의 의미가 생기고 기분이 좋아지듯 글을 완성하면 살아 있음을 느낀다. 그녀와 눈을 마주치자 온갖 생각에 잠긴다. 말을 걸어 볼까, 정말 잘되면 만나 볼까, 만나면 무엇을 해야 하지, 사실은 나보다 그녀가 날 더 좋아하고 있는 것은 아닐까 하는 약간은 엉뚱한 생각까지도. 글을 쓸 때도 그렇다. 무슨 글을 쓸까 고민하는 시간은 온전히 나만의 세계 속으로 빠져드는 행복한 경험이다.

그러나 쉬운 것만은 아니다. 나는 그 어느 때보다도 책을 읽을 때 가장 에너지를 많이 쓴다. 온 신경을 집중해 텍스트의 의미를 이해하기 위해 노력하는 것이다. 책의 내용에 따라 나의 감정이 요동친다. 온전히 책 속으로 빠져든다. 글쓰기도 마찬가지다. 글 한 편을 쓰고 나면 진이 빠진다. 내가 할 수 있는 집중력을 끝까지 소진하기 때문이다. 하지만 그래서 매력적이다. 나의 모든 것을 쏟아 놓은 결과물을 보았을 때 나도 놀란다. 글쓰기를 통해 존재를 넘어서는 경험을 한다.

아직 그녀에게 말을 걸어 볼 생각은 없다. 솔직히 얘기하자면 그 정도로 매력적이지는 않다. 그냥 좋은 감정이 있는 정도다.

부끄러움을 무릅쓰고, 내 감정의 손상을 감수할 정도로 그녀에게 다가가고 싶지는 않다. 물론 대화를 하다 보면 빠져나올 수 없는 매력을 발견할 수도 있다. 하지만 아직은 그냥 지금처럼 가끔 지나가다가 우연히 보는 것으로 족하다. 그러다가 어떤 날에는 눈도 마주칠 것이다. 내 책도 그럴 수 있으면 좋겠다. 내 책을 우연히 마주친 그녀와의 눈맞춤 정도로만 봐주면 좋겠다. 누군가 나의 글을 읽으며 본격적으로 책으로 대화하는 것은 아직은 부끄럽고 부담스러운 일이다. 일단 우리 눈만 마주치자.

2025년 4월
쌍문동 '우리집'에서

차례

마음의 문을 열며 눈맞춤 4

1. 삶의 비평

- 닭 12
- 우리 대통령 15
- 소수자 18
- 사랑니 21
- 단식 광대 23
- 리스트 26
- 바보 28
- 양반 31
- LC(Listening Comprehension) 34
- 존재적 사랑 37
- 벨트 41
- 스타벅스 44
- 메가커피 47
- 뜨거운 마음 50
- 뉴스 53

밥   56

O   58

나의 목걸이   60

날아라 병아리   62

몸값   65

시간   68

바다   71

카트라이더   74

모기   77

흥부와 놀부   80

몰입   82

프랑켄슈타인   84

딜레마   86

돈 벌기는 쉽다   89

계룡대   92

괴물   95

메멘토 모리   98

CCTV   101

봉우리   104

호부호형(呼父呼兄)   107

행운과 불행   109

아포리즘 113
이 모양 이 꼴 116
로이 삼촌 119
여행 122
아빠 125
멍멍탕 128
레디메이드 131
벌레 134
담배 137
외투 140
너구리 142
불안 145
봄의 향기 147
나를 택한 자본주의, 사랑을 강요하다 149
케이크와 맥주 152
지하철 155
말(言) 157
유언장 160
3초 162
114 165
부자 감세 168

2.
알바의
지겨움

300원 172

편의점 176

정신승리 179

30점 181

가장 큰 욕심 184

취중진담 187

쿠팡 189

담배꽁초 194

사람입니다, 고객님 197

그녀 200

10분 203

알바는 신의 직장이다 207

3.
하나님
나라

내려놓음 212

계시 215

신의 정당성 218

크리스마스 221

완벽한 삶 223

신앙 225

내가 죄인이라고? 228

거듭남 232

추도예배 I 235

추도예배 II 239

1. 삶의 비평

 닭

　화난 닭을 먹으면 화가 날까? 현대인이 스트레스가 많고, 화를 잘 내는 이유를 먹는 것에서 찾는 사람들도 있다. 우리가 먹는 닭은 대부분 공장에서 제품을 찍어 내듯 사육한다. 수많은 닭들이 비좁은 사육장에서 일렬로 세워져 갇힌 상태로 키워진다. 그러니 닭들이 스트레스가 많을 수밖에 없고, 싸움도 나게 된다. 이런 닭을 튀겨 먹고, 삶아 먹고, 화가 난 어미 닭이 낳은 달걀을 먹기 때문에 현대인들이 스트레스도 잘 받고, 화도 쉽게 낸다는 것이 그들의 설명이다.

　스트레스를 많이 받은 닭들은 체내에 특정 성분이 생겨 이를 먹는 사람에게 실제로 영향을 준다면 모를까 과학적으로는 이해할 수 없다. 그러나 자연에서 자유롭게 자라난 닭으로 만든 삼계탕을 홍보하고, 가격도 비싼 것을 보면 건강하게 자란 닭이 몸에도 좋을 것이라는 믿음 같은 것이 있는 것은 확실하다. 화의 씨앗을 품고 사육된 닭과 달걀을 먹어서 화를 잘 내게 된다는 것이 아주 말도 안 되는 얘기는 아닌 것 같다.

닭이야 그렇다 치더라도 우리 생활을 규율하는 법을 만드는 과정이 어떤 씨앗을 품고 있는지는 확실히 중요하다. 선거 과정에서 돈 봉투를 돌린 국회의원들, 5·18을 폄훼하고 제주 4·3사건을 모욕하는 등 역사의식에 문제가 있는 국회의원들이 만든 법이 적용될 때 우리는 어떤 국민이 되는 것일까. 법조문 자체는 그럴듯해 보여도 언제 어디서든 부정부패의 씨앗이 자라날 것이고, 나도 모르게 왜곡된 역사의식에 영향을 받을 수밖에 없다.

법뿐만이 아니다. 정부의 정책은 나의 삶을 구체적으로 규정한다. 당장 어디를 개발할지 결정하는 부동산 정책은 내가 가진 집의 가치를 결정짓는다. 대출 정책은 은행에서 받을 수 있는 대출금의 규모를 제한하고 나의 소비생활에 큰 영향을 미친다. 노동시간 개편, 임금 협상 등은 매일매일의 하루를 직접적으로 규정한다.

장하준은 『경제학 레시피』에서 "경제학은 개인적이건 집단적이건 경제적 변수에만 영향을 끼치는 것이 아니라 우리의 정체성, 다시 말해 우리 자신에 대한 규정 자체를 변화시킨다"고 했다. 즉, 고도화된 신자유주의 체제 속에 살고 있는 우리가 자기중심적이고 이기적으로 생각하는 것은 당연한 것이 돼 버렸다는 것이다. '나'라는 사람의 성격 역시 순전히 나의 영역이 아닌 체제와 정책에 영향을 받는다는 얘기다.

정책을 입안하는 정부, 법을 만드는 국회의원, 이를 바라보는 언론 등을 감시해 부패하지 않고 건강한 닭을 먹는 것은 그래서 중요하다. 내가 원하지 않는 방향으로 정책이 진행되고, 법이 개정된다면 문제의식을 갖고 적극적으로 나서야 한다. 나의 삶과 정체성, 성격에까지 영향을 미치기 때문이다. 나의 책임인지 사회의 책임인지를 구분할 줄 알아야 나 자신을 지킬 수 있다. 내가 오늘 누군가를 질투하고, 화를 낸 것은 사회가 만든 '화난 닭' 때문은 아닐까? 오늘 야식은 후라이드를 시킬까, 양념을 시킬까. 레드윙?!

* **참고 자료**

틱낫한, 『화(anger)』, 최수민 번역, 명진출판사, 2013.
장하준, 『경제학 레시피』, 김희정 번역, 부키, 2023.

# 우리 대통령

나는 검찰이 좋다. 검사로 일하시는 대학 선배를 만나기 위해 검찰청을 방문한 일이 있다. 잠깐이었지만 검찰청 로비에서 내가 느꼈던 분위기는 한마디로 선함이었다. 정의를 추구한다는 자신감, 죄를 벌하고 올바름을 추구하는 사람들이 모여 있다는 선한 느낌을 받았다. 동시에 눈앞에서 쇠고랑을 차고 끌려 나가는 사람들을 봤을 때는 엄격함도 느낄 수 있었다. 검찰 사무실에 들어가서는 선배를 만난 반가움 때문인지 따뜻함도 느껴졌다.

검찰총장 출신 대통령이 당선되면서 검찰에 대한 비판이 거세지고 있다. 대통령은 검사들을 승진시키거나 요직에 배치하면서 검찰 공화국이라는 비판을 받고 있다. 검사들도 대통령을 '우리 대통령'이라고 부른다고 한다. 국민이 아닌 검사들의 대통령이 된 것이다. 그러면서 '우리 대통령'을 우리가 도와야지 누가 돕겠냐는 말도 나온다. 이 때문인지 공정해야 할 법을 이용해 정치적 이익을 추구하는 정치 검찰이라는 비판도 받고 있다.

어찌 보면 '내로남불'이란 불공평하고 정의롭지는 않지만 인간이라면 당연한 것은 아닐까? 만약 내가 또는 나의 가족이 검찰 조사를 받게 된다면 검사, 변호사 등등 있는 인맥, 없는 인맥을 총동원해서 방어할 것이다. 또한 내 회사 선배가 국회의원, 대통령이 됐다면 선배가 잘 되기를 바라는 마음을 갖는 것은 당연하다. 같이 일하고, 밥 먹고, 회식도 했는데 정들지 않았겠나. 더욱이 그 선배에게 잘 보여 고위직 승진의 꿈을 이룰 수 있다면 오히려 좋은 기회가 될 것이다.

나는 사람을 믿지 않는다. 정의로움과 공평함을 사람에게 바란다는 것은 불가능하다. 그렇게 깨끗할 것 같았던 박원순, 노회찬 같은 분들의 결말을 봐도 알 수 있다. 아니, 다른 사람들은 볼 필요도 없다. 나 자신을 돌아보면 알 수 있다. 나는 정의롭거나 공평하지 않다. 나는 이기적이다. 사람은 누구나 이기적일 수밖에 없다. 정치인도 언론인도 종교인도 마찬가지다.

결국 중요한 것은 감시와 통제다. 이때 감시는 정의감만으로는 부족하다. 적나라하고 철저한 감시는 나의 이익과 상대방의 이익이 충돌할 때 가능하다. 내 이익을 최대화하는 과정에서 상대방이 내 이익을 침해할 때 가장 효율적인 감시가 가능한 것이다. 그렇다면 정치권의 싸움은 바람직하다. 그것이 진흙탕 개싸움이 돼도 소득은 있다. 양쪽 모두의 치부가 드러나기 때문이다.

우리는 우리의 손으로 촛불을 들고 대통령을 탄핵시킨 경험이 있다. 단순한 정의감도 있었겠지만, 국민인 나 자신의 이익을 침해하고 있다는 공감대, 자기 이익을 추구하는 정치권의 본성이 결합돼 이뤄 낸 성과라고 생각한다. 검찰 출신 대통령의 '내로남불'이 심화할수록 이익을 침해당하는 국민들의 반작용은 커질 수밖에 없다. 고름을 파내야 새살이 돋듯, 검찰도 조져야 한다. 한번 해서 안되면 두 번, 세 번, 죽을 때까지 조져도 좋을 것이다. 대한민국 민주주의에 비상계엄을 선포한 윤석열은 탄핵이 마땅하다.

* **참고 자료**
조국, 『디케의 눈물』, 다산북스, 2023.

소수자

애플스토어에서 장애인 직원을 만난 일이 있다. 아이패드 미니를 앱으로 주문하고 픽업을 위해 '애플스토어 명동'을 방문했다. 그런데 직원의 말투가 어색하고, 대화를 할 때마다 휴대전화를 바쁘게 두드렸다. 처음에는 인지하지 못했지만 직원을 자세히 살펴보니 시각장애인이었다.

처음으로 든 생각은 부끄럽게도 나에게 불이익이 있지 않을까 하는 것이었다. 제품 수령이 늦어지거나 잘못된 제품을 받는 것은 아닐까 하는 걱정이 들었다. 하지만 그 직원은 능숙하게 일을 처리했고 오히려 장애인도 일을 잘하는 것에 놀랐다. '몸이 불편하신데도 정말 잘하시네요'라고 인사하려다가 이런 말에 상처를 받을 수도 있겠다는 생각에 "감사합니다"라는 말만 전하고 나왔다.

나는 장애인을 보면 마음이 괴롭다. 우선 그들에게 상처를 주면 안 된다는 생각에 감정 소모가 많아진다. 행동과 말을 극도로 조심하게 되는 것이다. 더욱이 선천적이든 후천적이든 그들이 장애를 가진 것이 너무나 속상하다. 그 사람에게 무슨 잘못이 있는 것도 아닌데 평생을 고통 속에서 살아야 하는 것을 생각하면 하나님은 왜 인간에게 고통을 주시는지 원망스러운 마음뿐이다.

또한 장애를 가지고 일상생활을 하는 것이 얼마나 괴로울까 상상하면 더욱 고통스럽다. 본인만 힘든 것이 아닐 것이다. 그들을 돌보는 가족의 마음은 어떻겠는가. 안 그래도 우리나라는 자살률 세계 1위인데, 그중 장애인의 자살률은 훨씬 더 높다는 통계는 가슴을 답답하게 한다. 장애인을 찾아다니며 그들을 사랑하지는 못하더라도, 최소한 어디서든 우연히 장애인과 마주쳤을 때 배려하고 도와줘야 한다.

많은 사회적 약자가 있지만 트랜스젠더나 동성애자는 장애인들과 다르다. 트랜스젠더나 동성애자는 그들의 선택이 반영된 것이기 때문이다. 이들은 사회적 시선 때문에 상처받고 불이익을 당한다고 말한다. 군대 문제나 취업을 할 때, 병원을 가야 할 때 등에서 사회적 시선으로부터 자유롭지 못하다는 것이다. 일상 속에서도 일반인들의 따가운 눈총을 받아야 하고 떳떳하지 못한 삶을 살아가야 한다.

하지만 사회적 시선으로부터 자유로운 사람은 아무도 없다. 정규직 사이에서 비정규직으로 일해야 하는 사람들, 청소 노동자나 경비원, 수많은 서비스직 등 소위 '을'의 입장에서 일하는 사람들도 소외감을 느낀다. 그뿐만 아니라 빈부격차, 학력, 외모 등으로도 우리는 소외감을 느낀다.

트랜스젠더나 동성애자는 무슨 죽을 병에 걸린 것이 아니지 않은가. 자신의 성적 취향을 위해 스스로 소수자의 길을 선택한 것일 뿐이다. 본성적으로 그러한 취향을 타고났다고 해도 말 그대로 취향일 뿐이다. 생존과는 관련이 없다. 당장 생계가 어려운 사람들도 많은데 성적 취향까지 존중해 줄 여유는 없어 보인다.

사회적 약자와 소수자를 배려하고 존중해야 하는 것은 당연하다. 자신의 선택이 아닌 불행을 겪는 것이기 때문이다. 나 또한 상황에 따라 사회적으로 소수자가 될 수 있다는 것을 기억해야 한다. 하지만 트랜스젠더와 동성애자들의 주장까지 받아들이기는 힘들다. 어쩔 수 없이 주어진 여건은 최대한 배려하되, 자신의 선택에는 민감해야 하는 것이 정의다.

* **참고 자료**
송길영, 『시대예보: 핵개인의 시대』, 교보문고, 2023.

사랑니

　치과에서 사랑니를 뽑았다. 왼쪽 위, 아래 두 개를 뽑았는데 윗니는 작아서 문제가 없었지만 아랫니는 크고 단단해 발치하는 데 애를 먹었다. 사랑니를 뽑은 지 사흘이 지났지만 여전히 찌릿찌릿한 통증이 이어지고 있다. 사랑니에 '사랑'이라는 말이 붙은 것은 첫사랑의 아픔처럼 사랑니가 아프기 때문이라고 한다. 40대 초반 나이에 첫사랑을 떠올리는 것은 뭔가 부끄럽고 어색하기만 하다.

　나는 사랑을 좋은 만큼 아픈 것이라 믿는다. 사랑을 해서 좋은 만큼 딱 그만큼 힘든 것이 사랑이다. 애틋한 감정, 서로를 생각하는 따뜻함, 좋아하는 사람을 생각하면 한없이 기쁜 마음. 이렇게 좋은 것이 사랑이지만 동시에 기쁨의 크기와 정확히 똑같이 아프고 쓰린 것도 사랑이다. 이제는 사랑을 해서 좋은 것보다 아픔이 싫어 사랑을 하지 않는다.

　그렇기에 지나가는 연인을 봐도, 결혼한 사람들을 봐도 부럽지 않다. 그들의 웃음만큼 아픔이 있다는 사실을 알기 때문이다. 좋은 것도 싫은 것도 없는 조금은 고독한 나 혼자의 삶에 만족한다. 크게 기뻐할 일도 없지만, 그렇다고 관계 때문에 아플 일도 없다. 실망할 것이 두려워 기대를 하지 않는 삶이라 할 수도 있지만, 나이가 들어갈수록 이러한 삶이 편하고 익숙한 것이 사실이다.

내가 부러운 것은 사랑이 아니라 오히려 젊음이다. 가끔 20대, 30대의 젊음이 너무나 부러울 때가 있다. 내 나이를 생각하며 소외감을 느끼기도 한다. 나는 더 이상 젊음에 낄 수 없는 나이가 됐다. 이제는 사랑보다는 죽음을 더 생각하게 된다. 점점 나이가 들어 죽음이 가까워졌을 때 젊고 건강한 사람이 얼마나 부러울까. 늙고 병들어 죽음을 마주해야 할 때 나는 내 주변 사람들에게 사랑받을 수 있을까. 40대의 사랑니는 첫사랑보다 더 깊고 시리다.

* 참고 자료
레프 톨스토이, 『이반 일리치의 죽음·광인의 수기』, 석영중·정지원 번역, 열린책들, 2018.

단식 광대

간헐적 단식 3개월째다. 아침에는 계란프라이 2알을 먹고 집을 나와 메가커피에서 아이스 아메리카노 한 잔을 마신다. 점심시간에는 밥은 먹지 않고 스타벅스에서 아메리카노만 마신다. 아메리카노를 특별히 좋아하는 것이 아니다. 다른 음료는 당분이 많아 다이어트에 좋지 않기 때문이다. 저녁에도 밥 대신 파리바게뜨 샐러드만 먹는다. 이렇게 3개월을 유지하니 10kg 가까이 빠졌다.

내가 단식을 시작한 이유는 살찐 내 모습이 너무 싫기 때문이다. 빨리 목표 체중인 63kg을 만들고 싶지만 아직도 갈 길은 멀다. 1년 이상 걸릴 것으로 예상한다. 또한 건강 때문이기도 하다. 이렇게 살이 찌다가는 정말 죽을 수도 있겠다 싶었다. 3개월에 한 번씩 피검사를 하는데, 단식을 시작하고 나서 콜레스테롤 수치는 엄청나게 낮아졌고, 당 수치 역시 줄었다. 체중 감량은 확실히 건강에 도움이 된다. 물론 주말에는 등심이나 삼겹살을 구워 먹거나 라면을 먹기도 했지만.

얼마 전 이재명 민주당 대표도 단식을 했다. 윤석열 정부가 민주주의를 훼손했고, 일본 오염수 방류에 반대해야 하며, 국정 쇄신 및 개각이 이뤄져야 한다는 이유였다. 야당 대표의 단식은 내게는 충격이었다. 여당의 방탄 단식이라는 비판에도 '얼마나 현 정부가 문제가 많으면 단식까지 할까'라는 생각이 지배적이었다. 그런데 단식 중 이재명 대표는 페이스북을 통해 체포 동의안 부결을 요구했다. 불체포특권을 포기하겠다는 자신의 약속을 정면으로 뒤집은 것이다. 실소를 참을 수 없었다.

차라리 이재명 대표가 자신의 구속을 막기 위해, 결백을 주장하기 위해 단식한다고 했다면 어땠을까 싶다. 겉으로는 국민을 위하는 척, 국가를 걱정하는 척하면서 속으로는 자기 이익이 급했던 것이다. 현대 민주주의 사회에서 정치인은 사익을 추구하는 것이 당연하다는 생각도 든다. 자신의 권력욕을 채우기 위해, 사회적 지위를 위해 정치를 하는 것이다. 정치라는 것 자체가 이익을 추구하는 집단들끼리 싸우는 것 아닌가. 과거 군사독재 시절 민주주의를 위한 김대중, 김영삼 대통령의 단식과는 차이가 있을 수밖에 없다.

프란츠 카프카의 『단식 광대』를 읽으며 이재명 대표를 떠올렸다. 단식투쟁이 관심을 끌 수 있는 이유는 목숨을 걸었기 때문이다. 목숨을 걸어야 할 만큼 중대하고 간절한 이유가 있다는 것이다. 그러나 그 명분이 확실하지 않으면 단식은 조롱의 대상이 된다. 그야말로 '단식 광대'가 되는 것이다. 물론 그렇다고 단식 투쟁을 하는 사람 앞에서 폭식 투쟁을 하겠다며 피자와 치킨을 시켜 먹는 행위까지 용납될 수는 없다. 어쨌든 목숨을 건 사람들 아닌가. 이재명 대표의 단식은 죽어 가는 '단식 광대'의 간절함이 느껴져 애처롭다.

* 참고 자료
프란츠 카프카, 『변신·단식 광대』, 편영수·임홍배 번역, 창비, 2020.

리스트

　아무에게나 '리스트'라는 말을 붙이지는 않는다. 특정 분야에서 남들이 갖지 못한 지식이나 기술 혹은 남다른 신념을 가진 사람에게만 '리스트'라는 말을 붙여 부른다. 첼로를 연주하는 사람 모두를 첼리스트라 하지 않으며, 자유로움을 추구하는 사람 모두를 리버럴리스트라 부르지 않는 것과 같다. '리스트'라는 이름을 갖기 위해서는 일반 사람들이 따라 할 수 없는 능력이나 신념 있는 행동이 필요하고 또 그러한 능력을 많은 사람들에게 인정받아야만 한다.

　이처럼 남들이 할 수 없는 일을 하기에 '리스트'들에게는 그만큼의 특권이 주어진다. 많은 사람들의 관심을 받는 것은 기본이고, 부와 명예도 따른다. 전문직 종사자가 매력을 갖는 이유도 이 때문이다. 하지만, 바로 이런 이유로 '리스트'들은 도덕적 책임을 지게 된다. 공인을 어떻게 정의할 것인지는 논란이 있지만, 좋든 싫든 많은 사람들에게 영향을 주는 사람들에게는 그만큼의 책임이 뒤따르는 것이다.

　장자연 리스트도 마찬가지다. 여기서 리스트는 명단이라는 뜻의 영어 단어에 불과하지만, 리스트에 이름을 올린 사람들은 모두 사회적 책임을 갖는 '리스트'들이었다. 연예계 인사들, 작지 않은 회사의 경영인과 언론사 고위 간부, PD 같은 언론인도 남들과는 다른 전문적인 일을 하는 사람들이다. 그러나 이들은 성상납과 폭력 강요라는 리스트에 이름을 올림으로써 그들이 져야 할 책임을 저버렸다. 오히려 그들이 가진 특권으로 그릇된 욕망을 추구하다 패가망신하는 지경에 이르렀고, 한 연예인을 자살하게 만들었다.

　'리스트'에는 테러리스트와 같은 나쁜 의미의 '리스트'도 있다. 중요한 것은 나쁜 의미의 '리스트'든 좋은 의미의 '리스트'든 사회에 큰 영향을 미친다는 사실이다. 테러리스트와 장자연 리스트의 공통점은 많은 사람들에게 충격과 아픔을 가져다주었다는 것이다. 테러리스트들은 건물을 파괴하고, 사람을 죽였지만, 장자연 리스트는 우리 사회에 너무나 큰 실망감과 허무함을 가져다주었다. 장자연을 죽인 그들을 테러리스트라 부르고 싶은 이유다.

바보

"오빠, 나랑 만날래요?" 대학 졸업 후 얼마 지나지 않아서였다. 대학시절 내가 좋아한다고 따라다니던 여자애에게서 전화가 왔다. 내 전화번호는 어떻게 알았는지, 그 아이의 음성을 듣고 얼마나 놀랐는지 모른다. 하지만 내 대답은 "아니."였다. 당시 나는 언론 고시를 준비하고 있었다. 불확실한 미래와 가벼운 지갑이 문제였다. 미안하다는 말도 하지 못했다. 마치 그 여자애가 싫어져 내가 차는 것처럼 보이고 싶었는지도 모른다. 내 대답을 듣고 그 여자애는 당황한 듯 말했다. "그럴 줄 알았어요. 잘 알겠어요." 지금 생각하면 너무나 미안하다. 얼마나 마음이 아팠을까. 많이 고민하고 용기 내서 전화한 것일 텐데. 사실은 내가 널 만날 자신이 없었던 것이다. 널 좋아하지 않아서가 아니었다. 진심으로 미안하다는 말을 전하고 싶다.

"나도 교직원 한번 만나 보자!" 같이 언론사 준비 그룹 스터디를 했던 여자애였다. 그때는 내가 기자를 그만두고 교직원을 하던 때였고, 그 애는 정치부 기자로 일하고 있었다. 대학교 교직원이 얼마나 허접한 직업인지 모르던 그 애는 그렇게 말했다. 하지만 나는 얼버무렸다. 교직원의 월급이 너무 적었고, 사실 그 여자애도 명확하게 사귀자고 말한 것은 아니었다. 지금 생각하면 시간을 두고 관계를 이어 갔다면 잘 됐을 수도 있지 않았을까 싶다. 하지만 이후 만남은 이어지지 못했고 자연스럽게 연락이 끊겼다. 나 혼자만의 착각일 수도 있지만 만약 내가 그때 그 아이를 잡았더라면 결혼도 생각해 볼 수 있었을 것이다. 지금 생각해도 정말 아쉬운 여자애다.

앞으로 나를 좋아한다고 말할 여자가 또 있을까? 더 이상 나에게 이런 기회가 또 올 것 같지는 않다. 물론 내가 좋아하는 사람이어야 한다. 지금까지 나는 싫은데 상대방은 나를 좋다고 한 여자가 두 명 있었다(내가 삽질한 경우는 더 많다). 면전에 대고 싫다고 할 수도 없고, 그렇다고 웃으면서 대하면 오해할 것 같고. 어떻게 해야 할지 몰라 정말 너무 힘들었다. 하지만 이제는 그런 사람마저 있을 것 같지 않다. 혹시 누군가 나를 좋다고 말한다고 해도 이제는 겁이 먼저 난다. 더 이상 달콤하고 예쁜 사랑을 할 수 없을 것 같아서다. 돈 걱정이 가장 먼저 들고, 관계가 틀어졌을 때의 피로감을 생각하면 머리가 아파진다. 순수하고 설레는 사랑을 할 나이는 이제 지나 버린 것은 아닐까.

황순원의 소설 『소나기』에서 소녀는 개울가 끝에서 기다리고 있는 소년에게 어느 날 '바보'라고 말한다. 자신을 매번 지켜보기만 하고, 길을 비켜 달라고 말조차 걸지 못하는 소년에게 처음으로 건넨 말이었다. 그 이후 이 둘은 꽃을 꺾고, 원두막에 오르며, 같이 소나기를 피한다. 개울을 건너기 위해 소년은 소녀를 업어 주었고, 그때 소녀의 옷에 소년이 입었던 옷의 색깔이 물든다. 소녀는 죽기 전 꼭 그 옷을 입혀 달라고 말한다.

 3개월마다 종합병원에 가서 피검사를 한다. 큰 병이 있는 것은 아니고, 건강검진을 위해서다. 처음 진료를 하러 갔을 때부터 담당 간호사가 눈에 들어왔다. 내 진료 차례를 기다리며 그 간호사와 눈을 마주치기 위해 노력했다. 딱 봐도 나보다 15살 정도는 어려 보인다. 나도 양심은 있다. 무엇을 하려는 것은 아니다. 그냥 그 여자애와 친해지고 싶은 마음이다. 다음 진료 때는 내가 쓴 책을 건네주며 "한 번 읽어 보세요"라고 말할까 벼르고 있다. 하지만 내가 말을 걸기 전에 그 여자애가 먼저 내게 "바보"라고 말해 준다면 얼마나 좋을까. 날보고 웃으며 "바보!"라고.

* 참고 자료
황순원, 『소나기』, 새움, 2017.

양반

　책 읽기와 글쓰기를 좋아하나 돈은 못 버는 삶. 나는 조선시대 같으면 딱 가난한 양반이었을 것 같다. 오늘날에도 이러한 삶은 글쓰기로 성공한 사람이 아니면 추앙받는 삶으로 인정받기는 어렵다. 차라리 돈을 많이 버는 사람이 더 능력 있는 사람으로 인정받는다. 계급이 있는 사회도 아닌 만큼 글을 쓰는 작가로서의 삶은 경제생활에 전혀 도움이 안 되는 개인적인 취미로밖에 쳐주지 않는다. 다만 고상한 취미를 가졌다는 말을 들을 수는 있겠다.

　조선시대 양반과 같이 엄격하게 품행을 단정히 하지는 못해도 배움을 추구하는 사람으로서의 자존심은 있다. 그래도 글쓰기를 하는 사람인데 언행이 달라야 하지 않겠는가. 순간순간 드는 지질하고 상스러운 생각까지는 어쩌지 못해도 최소한 양심에 거리끼는 일은 하지 않는 것이다. 물론 나도 담배꽁초를 아무 데나 버리거나, 가끔 횡단보도 신호를 무시하고 건너기는 하지만 딱 거기까지다. 되도록 양보하고, 합리적으로 행동하려 노력한다.

오늘날 영부인은 조선시대로 따지면 국모가 된다. 그런데 대한민국의 국모에게는 그에 걸맞은 자존심이 보이지 않는다. 논문 표절, 주가 조작, 무속 논란, 양평 고속도로 특혜, 명품백 수수 등 각종 의혹이 끊이지 않는다. 논문은 학자의 자존심인데 이를 무시하고 표절을 해서 학위를 받는 것이 무슨 의미가 있는가. 정당한 투자로 돈을 버는 것이 아니라 불로소득의 극대화를 위해 주가를 조작하는 것은 욕심에 눈이 멀어 양심을 버린 것 아닌가. 자기 돈으로 명품백을 사든 명품 옷을 입든 문제가 없지만 그것이 우리나라를 대표하는 영부인이라면 일반인과는 달라야 하지 않을까.

명품백을 밝히는 김건희 여사에게는 영부인으로서의 자존심이 없다. 캄보디아에 방문해 심장질환 어린이를 안고 화보를 찍는 듯 포즈를 취해 빈곤 포르노 논란을 일으키고, 해외 순방을 간 리투아니아에서는 수행원들과 함께 명품숍을 방문하는 조선의 국모를 대체 어떻게 바라봐야 할지 모르겠다. 영부인의 자리를 마치 연예인으로 오해하고 있는 것은 아닌지 묻고 싶다. 국민을 생각하는 마음보다 자신을 돋보이게 하려는 생각이 더 큰 것이다. 영부인이 대통령은 아니지만 최소한의 역사의식과 국민을 사랑하는 마음 갖기를 기대하는 것은 욕심일까? 연예인병에 걸린, 김건희는 속물이다.

* 참고 자료

박지원, 『양반전 허생전 외』, 푸른생각, 2013.

L C
(Listening Comprehension)

"Can I borrow a cigarette?" 바(bar)에서 버번 콕(Bourbon Coke)을 마시고 있었다. 근처에 미군 부대가 있는지 외국인들이 꽤 보였다. 친구들과 술잔을 기울이고 있는데 한 미국인이 나에게 영어로 말을 걸었다. 나는 당황했고, 얼른 담뱃갑에서 담배 한 개비를 꺼내 건네주었다. 내 담배가 아까운지 아닌지, 한 대 빌려 줘도 되는지 아닌지는 판단할 겨를이 없었다. 내게 중요한 것은 외국인의 영어를 제대로 알아들었다는 사실을 증명하는 것이었다. 마치 영어 듣기 평가를 할 때처럼 정답을 맞히기 위해 노력했던 것이다(나의 토익 점수는 945점이다). 나중에 생각해 보니 영어 사대주의에 물들어 있는 것 같아 씁쓸했다.

나는 미국이 좋다. 지금은 많이 약화되고 무너졌다고는 하지만 그들의 일상 속에 뿌리박힌 기독교 전통이 부럽다. 팀 켈러(Timothy J. Keller), 존 파이퍼(John Stephen Piper) 같은 세계 최고의 목회자를 갖고 있고, 영화, 드라마 등에 스며들어 있는 기독교 문화도 좋다. 광대한 영토와 막강한 군사력도 부럽다. 미국은 세계를 힘으로 통제하고 있고, 세계 경제를 움직이는 패권도 갖고 있다. 마블(Marvel), 디씨(DC)와 같은 할리우드 영화도 전 세계에 영향을 미친다. 그러나 무엇보다도 미국 특유의 자유로움이 부럽다. 대통령이 공식 석상에서 자유롭게 농담을 던지고, 대통령을 손가락으로 가리키며 대화하는 나라가 미국이다. 더욱이 미국은 우리나라를 군사적으로 도와줬으면 도와줬지 침략할 것 같지는 않다는 점에서 적대감이 느껴지지 않는다.

반면 일본을 생각하면 가슴이 답답하다. 우선 일본은 미국의 충실한 개 역할을 하고 있다. 2차 세계 대전 이후 일본은 미국에 절대적으로 복종했고, 지금까지도 이어지고 있다. 과거에는 소니(Sony), 파나소닉(Panasonic) 등과 같이 전자제품을 잘 만드는 나라였지만 지금은 삼성에 밀리는 모양새다. 그러나 일본은 노벨상 수상자도 많고 뛰어난 기술력과 손재주를 갖고 있다는 점은 부정할 수 없을 것 같다. 또한 일본을 생각하면 제국주의, 강제징용, 위안부, 독도 등이 떠오르는 것은 어쩔 수 없는 일이다. 일본은 탈아입구(脫亞入歐)를 주장하며 아시아에서 벗어나려 했고, 대동아공영권(大東亞共榮圈)을 외치며 서양에 맞서려고 했다. 이러한 세계관을 가졌던 일본이기에 위협적으로 느껴지고, 우리나라의 이익을 직접적으로 침해할 것 같은 생각이 든다. 일제 식민지 역사를 잊을 수는 없는 것이다.

내가 만약 식민지 시대에 태어났다면 친일을 하지는 않았을까? 자신 있게 독립운동을 했다고 말할 수는 없을 것 같다. 가슴으로는 독립을 염원할 수도 있었겠지만 당장 먹고살기 위해 일제가 시키는 대로 하지 않았을까 싶다. 또한 해방 이후 친미로 돌아서지는 않았을까? 이 물음에도 자신 있게 아니라고 말할 수 없다. 약소국의 민족으로서 기회주의적인 태도를 갖지 않는다는 것은 매우 어려운 일일 것이다. 그러나 아무리 미국이 좋고 부러워도 우리나라를 지키는 것은 우리 국민이다. 미국이 유사시 군사적 지원을 해 주고 핵우산을 제공한다 해도 그들에게 우리나라는 남의 나라일 뿐이다. 미국은 우리나라 대통령 이름이 무엇인지도 모른다. 결국 우리 스스로의 힘을 키워 어느 나라에도 의지하지 않고 자주적으로 바로 설 수 있어야 한다. 나도 친미가 싫다.

* **참고 자료**
채만식, 『이상한 선생님』, 워킹북스, 2023.

존재적 사랑

'로이'. 이제 막 2살이 되는 조카의 이름이다. 동생에게 페이스톡을 걸어 "로이야 사랑해"라고 하면서 팔을 머리 위로 올려 하트 모양을 그리면, 로이가 쪼르르 달려와 휴대전화 화면을 보고 두 손을 머리 위로 올려 하트를 만든다. 얼마나 귀엽고 사랑스러운지 모른다. 로이를 생각하면 마음 깊은 곳에서부터 사랑과 기쁨이 넘쳐난다.

그래서 그런지 길거리에서 유모차를 보거나 또래의 아기들을 보면 로이 생각이 나면서 가슴이 따뜻해진다. 로이가 아닌 다른 아기에서도 사랑을 느끼는 것이다. 그렇게 생각해 보면 꼭 아기가 아니라 이 세상의 모든 사람을 가족이라고 생각하면 사랑이 넘치는 삶을 살 수 있지 않을까? 지하철과 버스에서 마주치는 사람들, 길거리의 사람들을 아버지, 어머니, 형, 누나, 동생, 삼촌 등으로 생각하면 사랑이 넘치는 삶을 살 수 있을 것 같다.

그러나 이러한 생각은 곧 실패한다. 아기는 나에게 상처를 주지 않지만, 가족들은 나에게 상처를 주었기 때문이다. 가족을 사랑하는 마음은 물론 기본으로 깔려 있지만 상처 또한 생각나기에 이 세상 사람들을 가족으로 생각해 사랑이 넘치는 삶을 살기에는 한계를 느낀다. 길거리에서 마주친 한 어른을 아버지라 생각한다고 해서 로이를 생각할 때처럼 사랑이 느껴지지는 않는 것이다.

그렇다면 내가 가장 사랑하는 사람을 떠올리면 어떨까? 내가 가장 사랑하는 사람은 바로 나 자신이다. 세상 모든 사람을 나와 같다고 생각하는 것이다. 내가 나를 소중하게 여기고 사랑하는 것처럼 타인도 사랑할 수 있다면 사랑이 넘치는 삶을 살 수 있지 않을까? 이는 "네 이웃을 네 자신 같이 사랑하라"는 성경 말씀에도 부합된다. 드디어 사랑으로 가득한 삶을 만드는 방법을 찾은 것 같다.

나는 나를 사랑한다. 내 삶에 스스로 점수를 매긴다면 97점을 주고 싶다. 빠진 3점은 경제적 능력과 몸무게 때문이다. 비록 돈을 많이 못 벌고, 다이어트에도 실패하고 있지만 지금까지 살아온 내 삶은 성공적이었다고 생각한다. 남들이 어떻게 평가하건 나는 내가 원하는 꿈들을 모두 이루어 왔다. 어디 가서 절대로 꿀리지 않을 자신도 있다. 솔직히 얘기하면 내가 나를 사랑하는 이유는 스스로 잘났다고 생각하기 때문인 것이다.

문제는 이런 방식의 자기애를 갖고 타인을 바라볼 때 생긴다. 이 세상의 모든 사람들을 바라볼 때 얼마나 잘난 사람인지를 기준으로 평가하게 되는 것이다. 나를 사랑하는 이유가 성과 때문이다 보니 남을 볼 때도 능력을 기준으로 판단하게 된다. 잘난 사람처럼 보이면 사랑할 수 있지만, 못난 사람이라면, 실패한 사람이라면 무시하게 되고 사랑할 수 없게 된다. 나 자신을 존재 그 자체로 사랑할 수 없기에, 다른 사람들 또한 존재 그 자체만을 가지고 사랑할 수 없다.

더 큰 문제는 귀찮음이다. 사랑으로 가득 찬 삶을 살고 싶지만 한편으로는 다른 사람을 전혀 신경 쓰고 싶지 않다. 나는 사람이 싫다. 말을 거는 것도, 눈 마주치는 것조차 싫다. 감정을 교류하는 것 자체가 피곤하다. 나는 누군가와 친해지기 위해 먼저 다가가지 않는다. 나에게 도움이 필요할 때만 먼저 다가간다. 또한 내가 먼저 호의를 베풀었을 때 상대방이 싫어할 수도 있고, 부담스러워할 수도 있다. 말은 언제나 오해의 여지를 남긴다. 꼭 필요한 경우가 아니라면 차라리 말을 하지 않고, 감정을 섞지 않는 것이 깔끔하다.

'호의적 무관심'이라는 말이 있다. 누군가 나에게 부탁을 하면 들어줄 준비를 하고 있지만, 근본적으로는 상대방을 무관심하게 대하는 태도다. 상대방의 기분을 맞춰 주기 위해 웃는 웃음, 립 서비스 정도는 해 줄 수 있지만 그 사람의 깊은 사정과 속내까지는 알고 싶지 않은 것이다. 이 세상 모든 사람을 사랑하며 나의 삶을 사랑으로 가득 채울 수 없다면 차라리 '호의적 무관심'의 태도가 합리적이지는 않을까? 에리히 프롬은 "사랑은 행동, 소유, 사용이 아니라 존재에 만족하는 능력"이라고 했지만, 나는 나 자신조차 존재적으로 사랑할 자신이 없다. 남보다 못났고, 실패하는 나 자신까지 사랑할 수는 없다. 사랑은 불가능하다. 오직 예수님의 사랑만 가능하다.

* **참고 자료**
에리히 프롬, 『우리는 여전히 삶을 사랑하는가』, 라이너 풍크 엮음, 장혜경 번역, 김영사, 2022.

벨트

　에르메스에서 벨트를 샀다. 3개월 할부. 가지고 있던 구찌 벨트가 5~6년 전에 산 것이라 질리기도 했지만 더 큰 이유는 정품이 아닐 수 있다는 의심 때문이었다. 기억으로는 구찌 벨트를 쇼핑몰 앱을 통해 구매했는데 분명 구찌 매장은 아니었다. 구찌 홈페이지에서 확인해 보니 똑같은 디자인이 있기는 했지만 혹시 병행 수입이나 그런 방법으로 들어온 제품이라면 진품이 아닐 가능성이 있었다. 그래서 이번에는 일반 쇼핑몰이 아니라 에르메스 홈페이지에서 직접 구매했다. 가품 가능성을 아예 차단한 것이다.

　디자인은 에르메스의 진한 주황색을 기본으로 하고, 가느다란 H자가 두 겹으로 된 버클을 선택했다. 버클은 H자가 굵게 디자인된 것이 있었지만 너무 노골적인 것 같아 일부러 가느다란 것으로 했다. 대신 벨트의 색깔을 오렌지색으로 골라 에르메스라는 것을 확실히 했다. 벨트를 뒤집으면 검은색이지만 나는 일부러 오렌지색이 겉면이 되도록 착용하고 있다. 에르메스 공식 홈페이지에서 구매한 것이니 가품일 가능성이 없어 속이 시원하다. 그동안 구찌를 매면서도 긴가민가하는 찜찜함이 있었는데 그런 마음이 완전히 사라진 것이다.

그러나 문제는 옷을 입었을 때 벨트의 오렌지색이 보이지 않는다는 것이다. 배가 많이 나와서 와이셔츠를 입지 못하니 펑퍼짐한 후리스나 봄 잠바를 입는다. 그렇다 보니 벨트가 가려져 아무도 내가 어떤 벨트를 하고 있는지 모른다. 누군가 나의 주황색 벨트를 보고 '에르메스 벨트를 하고 다니는구나' 하고 알아봐 주면 좋겠는데 자랑을 못해 속이 답답하다. 그렇다고 와이셔츠를 입으면 튀어나온 배 때문에 창피함을 감수해야만 한다. 벨트 자랑하려다 고도 비만이 들통나고 마는 것이다.

이상한 것은 에르메스 벨트를 누구도 못 알아보는 것이 한편으로는 그렇게 마음이 편할 수 없다는 것이다. 나도 모르겠다. 누군가 알아봐 주면 좋겠으나 아무도 알지 못하면 좋겠다는 이 감정을 대체 어떻게 이해해야 할까. 좀 더 정확하게 말하자면 나는 명품 벨트를 일부러 가리고 다니지만 내가 가끔 기지개를 켜거나 걸을 때 살짝살짝 웃옷이 올라가면 눈썰미 좋은 누군가가 0.5초 만에 에르메스라는 것을 알아봐 주면 좋겠다. 나는 절대로 명품을 자랑하는 사람이 아니면서도 동시에 명품을 착용하고 다니는 사람이 되고 싶은 것이다.

쪽팔린다. 이런 생각을 하는 나 자신이 너무나 부끄럽다. 명품을 대놓고 자랑하는 속물보다 오히려 내가 더 간사한 놈인 것 같은 생각이 든다. 얼마나 자존감이 낮으면 명품을 사서 나를 드러내려고 할까. 에리히 프롬은 '소유냐 존재냐'에서 소유한 것으로 나를 드러낼 것이 아니라 존재 자체로 자신을 드러내는 삶을 살아야 한다고 했는데 대체 나는 무엇 하는 사람인가. 돈이 없어 바지나 웃옷은 유니클로 같은 저가 브랜드를 입으면서 벨트만 에르메스인 것도 너무나 부끄럽다. 이런 생각을 하면서도 내 벨트의 주황색을 상상하고 있으면 흡족한 미소가 지어지는 것은 대체 왜일까. 나는 어쩔 수 없는 속물인가 보다.

* 참고 자료
마티아스 뇔케, 『나를 소모하지 않는 현명한 태도에 관하여』, 이미옥 번역, 퍼스트펭귄, 2024.

스타벅스

　20대 후반에서 30대 초반 여성. 펴 놓은 책이 꽤 두껍다. 무슨 책인지 알 수 없으나 전공 서적일 것 같은 느낌이다. 손에는 파스텔톤의 파란색 형광펜을 들고 있다. 필통은 민트색 바탕에 지퍼 부분만 빨간색이다. 책을 보는 시간보다 휴대전화를 만지는 시간이 더 많다. 검은색 코트와 에코백은 옆 의자에 놓여 있다. 근처에 대학교는 없는 것으로 보아 학교에서 수업을 듣다가 나온 것 같지는 않다. 생김새는 꽤 단정하다. 그러나 예쁘다고 할 수는 없다. 얼굴이 계란형이고 흰색이지만 전체적으로 너무 크다. 입도 눈도 코도 모두 너무 크다. 귀엽다고 할 수가 없다. 이어폰이나 헤드폰도 없이 이렇게 시끄러운 환경에서 책을 읽는 것이 신기하다.
　40대 중반 정도의 나이에 고동색 안경을 끼고 있는 남자다. 얼굴에 얼룩과 주근깨 등이 있어 지저분해 보인다. 맥북을 사용하고 애플워치를 착용하고 있다. 워치 스트랩은 은색 스테인리

스다. 휴대전화도 아이폰이다. 이어폰도 에어팟 프로를 끼고 있다. 다만 마우스는 검은색 로지텍 무선 마우스를 쓰고 있어 어울리지 않는다. 마주 보고 앉아 있기 때문에 맥북으로 어떤 작업을 하는지는 알 수 없다. 검은색 바탕에 보라색 스트라이프가 들어간 티셔츠를 입고 있는데 목이 늘어나 후줄근해 보인다. 짙은 녹색 후리스를 그 위에 입었는데 얼굴과 마찬가지로 지저분해 보인다. 왼손에 반지가 없다. 일단 미혼인 것 같다. 호감이 가는 얼굴형이 아니다. 전혀 말을 걸고 싶지 않게 생겼다. 앉아 있는데 배가 많이 나와서 보기에 좋지 않다.

입을 굳게 다물고 있다. 나이는 30대 중반, 여성. 왼손은 외투 주머니에 넣고 오른손으로 휴대전화를 보고 있다. 검은색 운동화를 신었고 바지, 코트 모두 검은색이다. 단발 머리는 노란색으로 염색을 했는데 밝은 노란색이 아닌 좀 짙고 무거운 노란색이다. 얼굴은 갸름하지만 팔자주름이 깊게 패어 있다. 휴대전화를 보며 심각한 표정을 지었다가 또 살짝 미소 짓는다. 오른발을 조심스럽게 흔들며 천천히 다리를 떨고 있다. 이따금 하품을 한다. 너무나 권태로워 보인다. 피곤한지 눈을 감고 등을 의자에 기대고 있다. 두 손은 가지런히 모았다. 조용하고 소심한 성격일 것 같다.

앗! 이런. 첫 번째 여자와 눈이 마주쳤다. 내가 힐끔힐끔 쳐다보는 것이 불편했나 보다. 꽤 길게 나를 응시한다. 얼굴을 마주

1. 삶의 비평 45

보니 아예 못 봐줄 외모는 아니다. 그래도 만나 보라면 만날 것 같지는 않다. 다 마신 컵을 놓고 돌아 나오면서 두 번째 남자의 맥북 화면을 확인했다. 그러면 그렇지. 게임을 하고 있었다. 맥북으로 돌아가는 게임이 흔치 않은데, 혹시 부트캠프? 그나저나 뭘 하는 사람이길래 평일 오후 12시 반에 커피숍에 혼자 와서 게임을 하고 있을까. 나이도 꽤 있어 보이는데 한심하다. 세 번째 여성은 아직도 눈을 감고 있다. 전날 밤 무엇을 했을까.

메가커피

    군대에서는 왜 그렇게 초코파이가 맛있었을까. 이등병 시절 훈련을 나가면 하루 종일 관물대에 귀하게 쟁여 둔 초코파이만 생각났다. 일과를 마치고 숨어서 먹는 초코파이의 달콤함은 그 어떤 것과도 비교할 수 없었다. 고참들의 눈을 피해 화장실에서 먹어 본 라면도 귀하기는 마찬가지였다. 봉지 라면에 뜨거운 물을 부어 불려 먹는 뽀글이를 한 손에 들고 대변기를 바라보며 젓가락질을 했다. 혀로는 라면의 맛이 너무나 맛있게 느껴졌지만 화장실 안이라는 생각은 떨쳐 버릴 수 없었다. 똥을 생각하며 먹었어도 라면은 귀하기만 했다.

    사람은 결핍 속에서 얻는 작은 것에 더 큰 행복을 느끼는 것 같다. 풍요로움 속에서는 만족을 잘 느끼지 못하지만 부족한 와중에는 아주 사소한 것에서도 큰 만족감을 얻는 것이다. 시간이 많아 하루 종일 놀 때는 무엇을 해도 곧 지루함을 느끼지만 눈코 뜰 새 없이 바쁘게 일하는 중에 잠깐 시간을 내 10분간 휴식을 하면 꿀맛 같은 자유로움을 느낄 수 있다. 그렇다면 부족하다는 것, 만족스럽지 못한 상황이 꼭 나쁜 것만은 아니다. 풍요로운 상황에서는 알 수 없는 아주 사소한 것에서 큰 행복을 찾을 수 있기 때문이다. 그렇다고 행복을 느끼기 위해 일부러 결핍된 상황을 만들어야 한다는 말은 아니다. 돈이 없어 힘든 현실, 일 때문에 시간이 부족한 상황을 오히려 작은 것에서 행복을 찾으며 이겨 낼 수도 있다는 말이다. 소확행, 작지만 확실한 행복을 찾는 것이다.

냉장고 문을 열었더니 전날 어머니께 사다 드린 메가커피가 있었다. 뜨거운 카페라떼를 좋아하시는데 아껴 드신다고 먹다 남은 커피를 냉장고에 넣으신 것이다. 메가커피 자체가 저가 브랜드이지만 통신사 '우주 패스' 할인을 받으면 라떼의 가격은 2000원 남짓. 화도 나고 눈물도 났다. 커피가 하면 얼마나 한다고 저가 커피를 아까워하시는지. 라떼에는 우유가 들어가기 때문에 변질 우려가 있어 빨리 드셔야 한다고 말씀을 드려도 꼭 냉장고에 넣으신다. 엄마가 겪은 가난은 얼마나 힘든 것이었는지 가늠할 수 없어 가슴이 아려 왔다. 치킨이나 피자를 사실 때도 마찬가지다. 배달비가 너무 비싸다며 직접 사 가지고 들어오신다. 일부러 밖에 나가야 하고 한 손에 음식을 들고 버스를 타면 불편하고 힘드실 텐데도 꼭 그렇게 하신다.

어제는 혼자 술을 마시기 위해 노원구청 근처에 갔다. 갈 때는 버스를 타고 갔지만 올 때는 그러지 못했다. 들깨 삼계탕에 인삼주 도쿠리를 한 병 마셨더니 취기가 올랐다. 시간도 많고 바쁜 일도 없었지만 버스 타기가 싫어 택시를 잡았다. 충분히 버스를 타도 됐었다. 술에 취해 몸이 노곤해지자 만사가 귀찮아진 것이다. 나는 항상 이런 식이다. 돈을 아낄 줄을 모르고 일단 쓰고 본다. 돈을 쓰면서 한편으로는 편해서 좋지만 돈이 없는 현실, 낭비했다는 죄책감에 괴로워한다. 그렇게 괴롭고 고통스러워하면서 또 돈을 막 쓴다. 아낄 줄을 모르고 편한 것, 비싼 것, 새것만 좋아한다. 누군가 유행이 벌써 오래 지난 낡은 휴대전화를 들고 있으면 '저렇게 아끼면서 사는구나' 하면서도 정작 나는 최신 모델을 사야만 한다. 그리고 새 휴대전화를 든 내 모습에 괴로워한다. 나는 결핍 속에서도 작은 것을 평가절하한다. 삶의 간절함을 모른다. 행복도 없다.

뜨거운 마음

　우리 사무실 엘리베이터는 좀 특이하다. 올라갈 때 내려가는 층을 누르면 눌리지 않고, 내려갈 때 올라가는 층의 버튼을 눌러도 눌리지 않는다. 또 외부로 나가는 출입구는 1층이 아니라 지하 1층이다. 1층 버튼을 누르면 누르는 동안 잠깐 불이 들어왔다가 다시 꺼진다. 아예 눌리지 않는 것이다. 5층에는 사무실이 있고 4층에는 정형외과, 치과 등 병원들이 모여 있다.

　사무실로 올라가기 위해 지하 1층에서 5층 버튼을 누르고 엘리베이터를 탔는데 한 아주머니가 4층에서 엘리베이터를 타셨다. 올라가는 엘리베이터를 타신 것을 보면 4층에서 위쪽 화살표 버튼을 누르신 것이다. 아주머니는 출입구로 나가시려는지 1층 버튼을 누르셨다. 버튼이 눌리지 않자 "왜 안 눌리지?" 혼잣말을 하시며 몇 번씩 버튼을 누르셨다. 나는 속으로 '에휴, 저 아주머니 또 고생하시겠네'라고 생각하고 있었다. 그렇게 생각하기를 5초. 나는 마지못해 아주머니께 "이 엘리베이터는 내려갈 때 버튼을 누르셔야 아래층으로 가실 수 있어요. 그리고 외부 출입구는 1층이 아니라 지하 1층입니다"라고 말씀드렸다. 아주머니는 그제야 웃으시며 눈인사를 하셨다.

　　우리 동네에는 편의점 옆에 무인 아이스크림 가게가 있다. 편의점에 가기 위해 아이스크림 가게를 지나가는데 갑자기 한 아주머니께서 나를 붙잡았다. "저 좀 도와주실 수 있나요?"라며 가게 안으로 들어가자고 하셨다. 처음에는 그 아주머니를 이상하게 생각했다. '사기당하지 말아야지, 혹시 돈을 요구하는 건가?'라는 생각을 하며 경계를 늦추지 않았다. 아주머니는 누가바 막대 아이스크림 한 개를 가져오시더니 키오스크에서 결제하는 방법을 모르겠다며 도와달라고 하셨다. 나는 바코드를 찍고, 아주머니께 받은 동전 800원을 기계에 넣고 결제해 드렸다. 아주머니는 "너무 고맙다"며 활짝 웃으셨다.

　　엘리베이터 안의 5초, 무인 아이스크림 가게로 들어가기 전의 나의 마음가짐. 나는 순수한 마음으로 사람을 돕지 않는다. 이웃을 돕는 일을 주저하고 일단 의심부터 한다. 사람을 돕고자 하는 순수한 마음이 있었다면 나는 엘리베이터에서 5초를 주저해서는 안 됐다. 어려움을 겪는 아주머니를 봤다면 안타까운 마음으로 즉시 반응했어야 맞다. 엘리베이터에서 5초 동안 도와야겠다는 마음보다 '귀찮다'라는 생각이 먼저 스쳤다. 아주 간단한 일이고, 큰 힘이 필요한 일이 아닌데도 나는 망설였다. 아이스크림 가게에서도 마찬가지다. 아주머니의 키오스크 결제를 돕고 나서 아주머니를 의심했던 내가 부끄러워졌다. 내가 나쁜 사람처럼 느껴졌다.

순수한 마음으로 진심을 다해 이웃을 돕는 사람들이 있다. 심지어 자신조차 어려움을 겪고 있으면서도 남을 돕는다. 나도 신앙을 가진 사람으로서 이웃을 사랑해야 한다고 생각은 하고 있다. 십자가에서 죽기까지 나를 사랑하신 예수님의 은혜를 기억하며 사랑을 갖고 살아가는 것만이 참된 삶이라고 믿는다. 하지만 나는 진심으로 사람을 사랑하지 못한다. 진정한 마음으로 어려운 사람을 안타까워하거나 돕지 않는다. 나는 순수하지 못하다. 사람을 사랑하는 뜨거운 마음, 따뜻한 마음, 간절한 마음이 없다. 사랑하며 살고 싶다.

* 참고 자료
안수현, 『그 청년 바보의사』, 아름다운사람들, 2018.

 뉴스

　나는 뉴스를 믿지 않는다. 기자 생활을 하던 당시 선배 기자는 나에게 "비슷한 사례 3개만 찾으라"는 말을 자주 했다. 어떤 기사를 써야 할지 막막할 때 비슷한 사례 3개만 있으면 그것은 곧 '요즘 트렌드'가 되는 것이다. 예를 들어 사람이 개를 물었다는 사건을 3개만 발견하면 해당 사례를 나열하며 "최근 사람이 개를 무는 것이 일반화되고 있다"로 시작하는 기사를 쓸 수 있다. 어떻게 단 3건의 비슷한 사례로 요즘 유행하는 일, 사회 이슈가 될 수 있겠는가. 하지만 매일 무엇을 써내야 하는 입장에서는 이런 식으로 이야기를 만들어 내 사람들을 현혹시킨다. 기사를 읽을 때 비판적 시각을 가지고 옥석을 가려야 하는 것이다.
　더욱 심한 경우도 있다. 현장에 나가 취재를 했는데 취재 내용이 기사로 쓸 수 없을 정도로 재미없는 이야기인 경우 소설을 쓰기도 한다. 없었던 일을 있었던 것처럼 만들어 내기도 하고, 아주 사소한 문제를 마치 큰 문제가 있는 것처럼 과대포장 하기도 한다. 이렇게 기사를 쓰면 현장의 취재 내용과는 전혀 다른 이야기가 생겨난다. 독자들은 기자의 상상력으로 만들어 낸 이야기를 마치 현실에서 일어난 사실인 것처럼 받아들이게 된다. 이러한 기사가 신문 지면 구석에나 배치된다면 그나마 다행이지만, 지면 1면에 나가기도 한다. 마감시간은 다가오고 쓸 내용은 없을 때 기자들은 자신의 상상을 마치 현실인 것처럼 꾸며 거짓 기사를 쓰는 것이다.

보도자료를 그대로 쓰는 것도 문제다. 보도자료는 정부나 기업에서 기자들에게 배포하는 자료인데 여기에는 당연히 정부의 시각, 기업의 이익이 그대로 녹아 있다. 이러한 자료를 바탕으로 기자의 비판적 시각이 담긴 새로운 기사를 쓰는 경우도 있지만 그렇지 않은 경우도 많다. 언론사도 광고를 받아 수익을 내야 하므로 기업의 제품을 홍보하는 기사를 낼 수밖에 없는 것이다. 그러나 기업 광고를 마치 광고가 아닌 객관적인 기사인 것처럼 써 내는 것은 문제다. 기자의 비판적 시각을 거치지 않은 정부나 기업의 보도자료는 그야말로 광고에 불과하기 때문이다. 기사를 읽을 때 그것이 기자가 취재를 통해 써 내려간 것인지, 아니면 보도자료를 가공한 것에 불과한 것인지 구분하는 것은 그래서 중요하다.

짧은 기자 생활이었지만, 내가 기자를 그만두기로 한 것은 이러한 이유가 작용했다. 기자는 정의를 추구하며 사실과 진실만을 기사로 쓸 것 같았던 나의 기대와는 다른 모습이었다. 광고를 받아야 하는 언론사의 현실, 비리를 알고도 이해관계 때문에 기사화할 수 없었던 일, 기업 친화적인 글을 써야만 했던 현실 등은 나를 충분히 실망시켰다. 그러나 이러한 현실 속에서도 사회를 변화시키려는 훌륭한 기자들도 많은 것이 사실이다. 나는 그렇게 하지 못했다. 나는 요즘에도 신문이나 TV를 볼 때 그것이 정말 광고주와 권력의 영향에서 벗어난 내용인지를 먼저 살핀다. 내가 뉴스를 믿지 않는 이유다.

* 참고 자료
김인정, 『고통 구경하는 사회』, 웨일북(whalebooks), 2023.

 # 밥

"태경아, 밥은 어떡했니?" 생각해 보면 엄마는 항상 내가 밥을 먹었는지 궁금해하셨다. 엄마는 나를 키우기 위해 갓난아기였을 때부터 나에게 밥을 먹이셨을 것이다. 그런데 나이가 들었는데도 엄마는 내가 밥을 먹었는지를 가장 궁금해하신다.

내가 중학생일 때는 아직 학교급식이 보편화되지 않았었다. 매일 엄마가 도시락을 싸 주셨는데 도시락 뚜껑 아래에는 엄마가 쓴 편지가 들어 있었다. 아직 식지 않은 도시락에서 올라오는 열기 때문에 편지의 볼펜 잉크가 번졌지만, 엄마의 마음을 읽는 데는 문제가 없었다.

엄마는 천 원짜리 한 장, 만 원짜리 한 장을 쓰는 데도 돈을 아까워하셨다. 엄마 자신을 위해 쓰는 돈은 어떻게든 아끼시고 자식들을 위해 돈을 쓰신다. 이번 생신 때 명품백을 선물해 드리려고 했지만 "나에게는 어울리지도 않는다"면서 거절하셨다. 평생 명품 같은 것은 사지도 쓰지도 않으신 것이 마음에 걸려 생각한 선물이었는데….

　그런 우리 엄마가 내년이면 칠순이 되신다. 나에게는 어린 시절 엄마와 오늘의 엄마가 똑같기만 한데 우리 엄마가 벌써 70살이 되신다니. 그래도 나는 엄마를 절대 '어머니'라고 부르지 않을 것이다. 내 나이가 몇 살이 되든, 50살이 되든 60살이 되든 나는 '엄마'라고만 부를 것이다. '엄마'라고 부르면서 응석을 부리고, 엄마가 나를 칭찬해 주고 따뜻한 손으로 쓰다듬어 주기를 바랄 것이다.

　몇 년 전 국립국어원에서도 장성한 사람이 '어머니'가 아닌 '엄마'라고 부르는 것이 언어 예절에 어긋나지 않는 것으로 개정하지 않았는가. 내가 엄마라고 부르는 것에는 아무런 문제가 없다. "엄마, 사랑해!"

* **참고 자료**
신경숙, 『엄마를 부탁해』, 창비, 2008.

 0

에르메스에서 백팩을 구매했다. 3개월 할부면 감당할 만한 수준이라 생각했다. 결제 버튼을 누르고, 할부가 제대로 적용된 것인지 몇 번을 확인했다. 혹시 일시불로 결제되면 경제적으로 상당히 힘들어지기 때문이다. 그렇게 결제 내역을 확인하고 에르메스 백팩을 멘 나의 모습을 상상하며 만족감을 느꼈다.

그리고 5분 뒤. 백팩의 가격을 홈페이지에서 다시 확인해 보니 내가 봤던 가격에 0이 하나 더 붙어 있었다. 83만 원인 줄 알고 결제했는데 다시 보니 834만 원이었던 것. 0이 네 개였다. 너무 다급했다. 빨리 결제 취소를 해야 하는데 홈페이지에는 결제 취소 버튼이 없었다.

고객센터 운영 시간을 확인해 보니 일요일에도 전화 업무를 했다. 천만다행이었다. 다급하고 떨리는 마음으로 고객센터에 전화를 걸었다. 상담원은 취소 사유를 물었다. 차마 830만 원을 83만 원으로 잘못 봤다고 말하지는 못했다. "그냥 변심이에요. 사기가 싫어졌어요."라고 말했다. 그렇게 주문 취소가 완료됐다.

만약 가격을 확인하지 못한 채로 가방이 배송됐다면 어떻게 됐을까. 생각만 해도 아찔하다. 채권 사 놓은 것이 있는데 팔아야 하나, 대출을 받아야 하나 온갖 생각이 다 들었다. 그러다가 정신을 차리고 놀란 가슴을 쓸어내렸다. 일요일이라 카드 결제 취소가 바로 되지 않고 며칠 걸린다고 한다. 그 며칠 동안 가슴앓이할 생각을 하면 도대체 무슨 생각으로 결제를 했는지 모르겠다.

백팩 역시 명품백과 같다는 사실을 왜 생각하지 못했을까. 설마 백팩이 800만 원일 줄은 상상도 못할 일이었다. 갑자기 서러움이 몰려왔다. 백팩 하나 사지 못하는 나의 형편이 너무나 초라하게 느껴졌다. 부아가 치밀어 돈을 모아 어떻게든 사고 말겠다고 결심했다가 곧 '그럴 가치가 있을까'라는 의문이 들었다. 지난주에 사 놓은 로또가 기억났다. 꽝!

나의 목걸이

갖고 싶은 것이 너무 많다. 고급 아파트, 포르쉐 911, 명품 가방·옷, 최고 사양의 노트북. 그뿐인가. 해외여행도 자유롭게 가보고 싶고, 늙어서는 풍족하고 여유로운 노후를 보내면 좋겠다. 그러나 평생 돈을 모아도 이룰 수 없는 것들이 많다는 사실에 좌절하게 된다. 당장 먹고사는 것을 유지하는 것만도 벅차다. 다음 달 카드 대금을 막으면 내게 남는 돈은 거의 없다. 10년을 저축해도 1억 모으기가 어려운 것이 현실이다.

사고 싶은 것, 하고 싶은 것을 없애면 문제는 해결된다. 욕망하는 것이 없다면 돈이 왜 필요하겠는가. 생명을 유지하는 데 필요한 최소한의 것만 해결하고 모든 욕망을 차단하면 돈 때문에 힘들어할 이유도 그만큼 사라진다. 문제는 그렇게 사는 것이 쉽지 않다는 것이다. 먹는 것을 먹어도 좀 더 좋고 맛있는 것을 먹고 싶고, 옷을 입어도 더 비싼 옷을 입고 싶다. 아파트도 역세권에 위치한 평수가 더 넓은 주상복합 고급 아파트에 살고 싶다.

취미 생활도 해야 한다. 이러한 욕망을 억제하고 누르는 것은 나의 무능력을 드러내는 것 같아 비참한 기분이 든다.

　죽어라 일해서 죽어라 쓰는 것의 반복이 현실이다. 돈을 벌기 위해 일이라는 고통을 죽어라 견디고, 돈이 생기면 욕망하는 것을 사는 데 모두 써 버린다. 그리고 또 모자라는 돈을 벌기 위해 일터에서 고통을 참는다. 무엇을 사더라도 또 사고 싶은 것은 생기기 마련이다. 아무리 좋은 것을 가졌어도 더 새로운 것, 더 좋은 것은 항상 생겨난다. 이렇게 일과 소비를 무한 반복하는 것이 삶이다. 여기에는 아무런 목적도, 의미도 없다. 욕망이 있고 이를 해소하기 위해 일하는 것의 반복만 있을 뿐이다.

　"아! 가엾은 마틸드! 내 것은 가짜였어. 기껏해야 5백 프랑밖에 안 나가는……." 모파상의 단편 속 다이아몬드 목걸이는 가짜였다. 그러나 마틸드는 그것이 진짜라고 생각해 10년 동안 빚을 갚았고, 그러는 동안 그녀의 삶은 비천해졌다. 가짜를 위해 평생 동안 온갖 고생을 한 것이다. 우리의 욕망도 가짜는 아닐까? 자본주의 사회가 만들어 내는 소비욕구에 속고 있는 것은 아닐까? 우리는 평생 동안 아무 의미도 없는 가짜 욕구를 채우기 위해 죽어라 일하는지도 모를 일이다. 그렇게 욕망의 노예로 고생만 하다 결국 의미 없이 죽는 것이 삶인지도 모른다. 나는 나의 목걸이를 버릴 수 있을까?

* **참고 자료**
기 드 모파상, 『모파상 단편선』, 김동현·김사행 번역, 문예출판사, 2006.

날아라 병아리

  국민학교 앞 문방구에서는 병아리를 팔았다. 엄마는 그런 곳에서 파는 병아리는 병든 것이라서 금방 죽는다며 사지 못하게 하셨다. 문방구에는 불량식품도 많았다. 나는 아폴로를 가장 좋아했다. 아폴로 한 개를 꺼내 두 손으로 비벼 빨아먹었다. 쫀드기, 밭두렁도 있었는데 쫀드기는 교실 난로 위에 구워 먹어야 제맛이었다. 달고나도 많이 먹었다. 납작한 달고나가 아닌 둥근 공처럼 만들어 설탕에 굴려 주는 '달고나 도넛'을 더 좋아했다. 문방구에는 미니카 트랙도 있었다. 미니카는 블랙 모터로 개조하고 건전지는 꼭 충전지를 써야 했다. 국민학교에서는 마룻바닥 왁스 칠을 시켰고, 겨울에는 당번이 창고에서 석탄을 타 와야 했다.

  딱지치기도 많이 했다. 직접 만든 딱지도 있었지만 문방구에서 파는 동그란 딱지도 있었다. 동그란 딱지를 쌓아 놓고 입으로 불어, 넘어가는 만큼 가져가는 '파파먹기'를 했다. '병따꿍'이라고 해서 알루미늄 병 마개를 망치로 동그랗게 펴서 가지고 다니기도 했다. 그 당시 버드와이저 병따꿍을 최고로 쳐주었다. 구슬치기도 했는데 나는 구슬에는 소질이 없었다. 여자애들은 노래를 부르며 고무줄 놀이를 했고, 남자애들은 고무줄을 가위로 끊고 도망갔다. 학교에서는 교과서에 동전을 올려놓고 '판치기'를 했고, '홀짝'으로 노름을 했다.

국민학교 때 피아노 학원, 웅변 학원, 컴퓨터 학원을 다녔다. 대부분의 아이들이 피아노와 태권도 중 선택해야 했다. 우리 엄마는 피아노를 더 좋아했다. 한번은 피아노 학원에서 학예회를 열었는데 태권도 학원에 다니는 친구에게 초대장을 줬다가 놀림을 받았다. 그 후로 나는 체르니30번의 15번까지 배우고 피아노를 그만두었다. 웅변 학원에서 배운 것으로 교내 대회에서 입상하기도 했지만 아쉽게도 학교 대표로 뽑히지는 못했다. 컴퓨터 학원에서는 도스(DOS)를 배웠다. 플로피 디스크를 꽂아 놓고 페르시아 왕자, 란마 1/2 등의 게임을 했다.

당시 컴퓨터는 모뎀을 썼다. 모뎀을 연결할 때는 영화 매트릭스에도 나오는 특유의 기계음이 났다. 새벽에 부모님 몰래 PC통신을 하기 위해 이불로 컴퓨터 본체를 덮어 놓았던 기억이 있다. 통신은 유니텔, 천리안 등이 있었는데 우리 집은 유니텔을 썼다. 컴퓨터로 모르는 사람과 처음으로 통신을 할 때 얼마나 떨렸는지 아직도 기억난다. 휴대전화는 나오기 전이라 삐삐를 들고 다녔다. 생일선물로 친구들끼리 삐삐를 주기도 했다. 한번은 삐삐를 책상 위에 올려놓고 수업을 듣다가 '학생이 왜 삐삐가 필요하냐'며 선생님께 혼나기도 했다.

아빠는 저녁 7시가 넘으면 TV를 못 보게 하셨다. 이 때문에 가요 프로그램을 볼 수 없었다. 그러나 같은 반 친구들의 영향으로 신해철과 X Japan을 알게 됐고 해적판 CD를 구해 듣기도 했다. 카세트테이프로는 박정현을 가장 많이 들었다. 만화 영화는 피구왕 통키, 달려라 하니, 쥐라기 월드컵, 마법소녀 리나, 아기공룡 둘리, 머털도사, 무도사 배추도사, 날아라 슈퍼보드 등을 좋아했다. 일요일 아침 8시에는 디즈니 만화동산을 보기 위해 일찍 일어나야만 했다.

올해로 만 43살이 되었다. 40년이면 강산이 네 번 바뀌었다는 얘기다. 그런데도 난 세대 차이를 느낄 만큼 세상이 크게 바뀌었는지는 잘 모르겠다. 시대의 변화보다 크게 느끼는 것은 순수한 마음과 웃음을 잃어버렸다는 사실이다. 어렸을 때는 뭐가 그렇게 재미있는지 아주 작고 사소한 것에도 자지러지게 웃음을 터뜨리곤 했다. 어른이 되어 웃는 웃음은 사회생활에 필요한 인위적인 것이 대부분이다. 순수한 웃음을 되찾을 수만 있다면 철이 덜 들었다는 말을 들어도 좋을 것이다. 웃고 싶다.

 몸값

"이 차는 네 몸뚱어리를 팔아도 못 사!" 젊은 시절 아버지는 리어카를 끌고 다니셨다. 어느 날 리어카를 끌다가 고급 외제차와 부딪혔는데 그때 운전자에게 들었던 말이라고 하셨다. 이 일이 있고 나서부터 아버지는 누구보다 열심히 살아서 꼭 성공해야겠다는 다짐을 하셨다고 말씀해 주셨다.

아버지는 사우디 건설 노동자로 일하셨고 한국에 돌아와서는 목수 일을 하셨다. 그러다가 돈을 모아 건축업을 시작하셨고 결국 100억이 넘는 건물을 지을 정도로 규모가 커졌다. 그러나 내가 대학교 신입생이던 때 아버지의 사업은 급격히 어려워졌고 나는 용돈을 벌기 위해 편의점 아르바이트를 해야 했다.

내가 들어간 대학은 1학년 때 자유전공으로 입학해 2학년부터 전공을 선택할 수 있는 곳이었다. 덕분에 나는 전과 3범이 됐다. 처음에는 아버지를 따라 건축업을 해 볼 생각에 공간환경시스템공학부를 선택했다. 그러나 문과였던 나는 재료역학을 들으며 좌절했고, 이후 취업이 잘 된다는 말에 경영경제학부로 전과했다. 하지만 경영학 개론을 들으며 다시 전과를 고민할 수밖에 없었다.

교수님께서 분 단위, 초 단위로 나눠 사람의 가치를 돈으로 환산하셨기 때문이다. "너는 1초에 얼마짜리 사람인가?", "대체 네 몸은 얼마짜리 인간이 될 수 있겠나?"라는 질문을 받고 전과를 결심할 수밖에 없었다. 사람의 가치를 돈으로 계산하다니. 말도 안 되는 소리라고 결론지었다. 그리고 결국 고등학교 때부터 꿈꾸었던 기자가 되기 위해 언론정보학부로 전공을 변경했다. 그렇게 전과 3번.

최진영의 소설 '구의 증명'에서 여자 주인공인 '담'은 사랑하는 사람인 '구'를 먹는다. '구'가 죽자 그를 기억하기 위해 죽은 몸을 먹는 것이다. 교회를 다니는 성도들은 성찬식 때 예수님의 십자가 희생을 기억하기 위해 빵을 먹으며 이를 예수님의 몸이라 믿는다. 또한 포도주를 마시며 예수님의 피라고 여긴다(물론 화체설을 믿는 것은 아니다). 소설에서 사람의 몸을 먹는다는 것은 곧 사랑하는 사람과 하나가 되고 싶은 열망 때문이었다.

이는 마치 성찬식 때 예수님과 하나가 되고 싶은 교인들의 믿음과 열망이 담겨 있는 것과 같은 것은 아니었을까. 예수님의 십자가 처형을 생각하면 예수님의 몸값은 사형수의 가치밖에는 없었을 것이다. 그러나 예수님은 인간인 동시에 부활하신 하나님이었기 때문에 교인들은 성찬식을 하며 예수님과 같아지기를 원하는 것이다. 소설 속 '구'의 몸값은 호스트바 직원, 편의점 알바, 공장 일을 하는 사람의 수준이었지만 '담'에게는 세상 무엇과도 바꿀 수 없는 사랑이라는 가치가 있었던 것이다. 사람의 몸값은 월급으로만 결정되는 것이 아니라는 말이다.

코로나였다. 아버지는 2년 전 세상을 떠나셨다. 처음에는 회복될 것이라 믿었지만 시간이 지나면서 결국 중환자실에 들어가셨고 기관 삽관을 하게 되셨다. 산소 호스를 목에 연결시킨 것이다. 연명치료를 중단하기로 한 날, 마지막으로 아버지를 뵈러 중환자실에 들어갔다. "아빠, 저 왔어요"라고 말하자 아버지는 무슨 말씀을 하시려는 듯 기관 삽관 호스를 혀로 밀어내셨다. 그러나 호스가 빠지지 않자 아버지는 온 힘을 다해 몸부림치셨다. 그리고 눈물을 흘리셨다.

나는 이를 몸부림의 유언으로 기억하고 있다. 세상을 살아가는 것은 몸부림이라고 말씀하시는 듯했다. 나는 자신 있게 아버지를 생각하며 '잘 살고 있어요, 아빠!'라고 말할 수 있는 삶을 살고 있을까. 나는 내 삶을 몸부림치며 간절하게 살아가고 있을까. 몸값이 아닌, 내가 사랑하는 사람들로부터 가치 있는 사람이 되기 위해 나 또한 몸부림칠 것이다.

* 참고 자료
최진영, 『구의 증명』, 은행나무, 2023.

시간

　집에 있어도 집에 가고 싶을 때가 있다. 이미 집에 왔는데도 집에 가고 싶은 기분이 들 땐 이러지도 저러지도 못하고 미치도록 괴롭기만 할 뿐이다. 시간도 그렇다. 시간이 빨리 가도 싫고, 늦게 가도 싫다. 시간이 빨리 가면 불안하고 우울해진다. 이렇게 살아도 되는 것인지, 아까운 인생을 낭비하고 있지는 않은지 허무한 감정에 괴롭다. 동시에 시간이 늦게 가는 것만큼 짜증 나는 것도 없다. 퇴근 시간은 왜 이렇게 안 오는지 모르겠고, 월급날은 나를 항상 너무 오래 기다리게 한다.

　시간이 빨리 가는 것만큼 허무한 것도 없다. 이 나이를 먹도록 제대로 해 놓은 것도 없는데 시간만 흐른다. 하루하루가 너무나 아깝다. 나이가 들어갈수록 나의 소중한 삶을 낭비하고 있는 것 같아 괴롭다. 무엇인가 가치 있는 일을 하며 내 삶을 채워 나가야 하는데 나는 하루 종일 무엇을 하고 있는지 모르겠다. 돈 때문에 일을 하기는 하지만 하루 종일 뻘짓을 하는 기분이 든다. 그나마 월급은 받아서 다행이라는 생각이다.

그렇다고 가치 있는 일이란 무엇일까 생각해 봐도 뾰족한 답이 나오는 것도 아니다. 시장에서 나물을 파는 사람도 있고, 식당에서 음식을 만드는 사람도 있다. 기자는 기사를 쓰고, 국회의원은 법을 만든다. 이 중 어떤 일이 가치 있고, 어떤 일은 가치 없다고 말할 수 있을까? 확신하건대 어떤 고귀한 직업을 가졌든 자신이 하는 일이 뻘짓은 아닌지 의심해 보지 않은 사람은 아무도 없을 것이다. 원래 남이 하는 일은 좋아 보이고, 내가 하는 일은 힘들고 가치 없게 느껴진다.

시간이 안 가는 것도 너무나 힘든 일이다. 아침에 출근해 열심히 일한다고 했는데 30분밖에 안 지나 있을 때가 있다. 점심시간은 왜 이렇게 안 오는지 지루하기만 하다. 돈을 모아 벼르고 벼르던 맥북을 샀는데 픽업 날짜가 너무 많이 남아 있었던 때도 있었다. 결제를 했으면 그날 바로 가져가게 할 것이지 왜 또 며칠을 기다리게 만드는지 이해할 수가 없다. 출판사에 교정을 맡겨 놓은 원고는 대체 언제쯤 책으로 만들어지는지 하루하루 시간이 빨리 가기만을 기다리고 또 기다린다. 또한 적금 목표액을 빨리 채우고 싶은데 시간은 너무나 느리다. 몇 년이라는 시간이 눈 깜짝할 사이에 흘러 목표한 통장 잔고가 채워지길 바랄 뿐이다.

그러나 생각해 보면 시간은 오직 나의 느낌 속에서만 빠르게 또 느리게 간다. 당연한 이야기지만 자연의 시간은 항상 일정하다. 우주의 정해진 시간을 내가 빠르게 가게 할 수도, 느리게 가게 할 수도 없다는 말이다. 오직 나의 생각과 느낌 속에서만 시간의 속도가 달라진다. 그렇다면 시간이 빨리 가고 늦게 가고를 내가 통제할 수도 있다는 얘기다. 시간이 너무 안 간다고 느낄 때는 무엇인가 집중할 거리를 찾으면 된다. 시간이 너무 빨리 간다고 느낄 때는 기다리는 일을 생각하면 된다. 자신이 늙었다고 생각하는 40대는 20대와 30대 초반의 젊은 날을 그리워하지만, 나이 70살이 되면 40대만큼 젊었을 때가 없다. 시간의 빠르고 느림은 결국 생각하기 나름이다.

행복은 현재에 있다고 한다. 카르페 디엠(Carpe Diem), 시즈 더 데이(seize the day)라는 말들도 그냥 생긴 것은 아닐 것이다. 현재의 시간이 빨리 간다고 아까워할 필요도 없고, 느리게 간다고 조급할 필요도 없다. 시간의 빠르고 느림은 신경 쓸 필요조차 없는 일이다. 빨리 가면 어떻고 느리게 가면 어떤가. 어차피 1초는 누구에게나 1초다. 내가 조급해하든 짜증을 내든 시간은 동일하게 흐른다. 현재를 산다는 것은 어쩌면 시간의 흐름과 관계없이 삶의 빠름과 느림을 즐기는 것은 아닐까. 현재 시각 17시 08분 23초. 어쨌든 30분만 있으면 퇴근이다.

* **참고 자료**
김형석, 『100세 철학자의 행복론』, 열림원, 2022.

바다

'지금 뭐 해야 하지?' 하루에도 몇 번씩, 심할 때는 하루에 10번도 넘게 나 자신에게 하는 말이다. 뭔가 다급한 말투로 내가 지금 당장 이 순간에 무엇을 해야 하는지 나에게 속으로 묻는다. 아무것도 하지 않아도 어떤 일도 생기지 않는다. 하지만 내가 지금 무엇인가를 하지 않고 있다고 생각하면 불안하다. 시간을 낭비한다는 생각도 들고, 아무런 목표도 없이 삶을 허망하게 흘려보내는 것 같은 생각 때문에 괴롭다.

　휴가를 갈 때도 마찬가지다. 난 1년에 한 번은 꼭 여행을 간다. 주로 강릉 경포해변이다. 벌써 3번이나 다녀왔다. 스카이베이 호텔에 방을 잡고 해변으로 나가 바다를 잠깐 본다. 그리고 돌아와서는 호텔 커피숍에서 노트북을 꺼내 지난 1년을 되돌아 보고 앞으로의 1년을 계획한다. 각 목표 항목마다 액션 플랜(Action Plan)을 상세하게 적는다. 그러고 나서 1주 단위 계획표와 하루 단위 시간표를 만든다.

휴가를 뜻하는 바캉스(vacance)라는 말은 라틴어에서 유래한 것인데 '아무것도 없는, 비어 있는, 자유로운' 상태를 말한다. 그런데 나는 그런 휴가를 가서도 '무엇을 해야 하는지'를 묻고 있는 것이다. 그러나 어쩔 수 없다. 내 하루 중 1시간이라도 계획이 돼 있지 않으면 너무나 불안하다. 멍 때리는 시간조차도 계획표에 있어야 한다. 내 삶의 계획표대로 일이 진행되지 않으면 화가 나고 짜증이 난다. 삶의 궤도를 이탈한 것 같아 불안한 것은 말할 것도 없다.

사실 생각해 보면 계획표를 짜는 일은 집 근처 스터디 카페나 독서실에서 더 효율적으로 집중할 수 있다. 굳이 바닷가를 가는 이유는 의미를 부여하기 위함일 뿐이다. 평소에 특별히 시간을 내지 않으면 바다를 볼 수 없기 때문에, 그래도 바다에 가서 한 해를 돌아보고 또 한 해를 계획했다는 자기만족감이 있다. 그러나 휴가가 휴가다우려면 '지금 뭐 해야 하지?'라는 질문에서 벗어난 상태여야 한다. 바캉스의 본래 뜻처럼 아무런 의무감도 없는 상태, 타인의 시선에서 자유로운 상태, 사회에서의 어떤 의무와 책임도 느끼지 않는 상태가 돼야 진짜 휴가가 아닐까.

바닷가로 휴가를 왔는데도 나는 고프로(GoPro)로 호텔과 바다, 해변과 일출을 찍어야 한다는 생각을 한다. 눈으로 자연을 그대로 보는 것이 아니라 고프로의 화면 창을 본다. 그렇게 영상을 찍으면서 머리로는 파이널 컷(Final Cut)으로 어떻게 편집을 할지 생각한다. 타인의 시선을 받고 싶은 마음, 은근히 자기자랑이 하고 싶은 마음에 제대로 된 휴가를 즐기지 못한다.

'나는 지금 뭐 해야 하지?'라는 질문이 무색하게 파도는 끊임없이 밀려왔다가 들어가기를 반복한다. 내가 어떤 계획을 만들든 파도는 나의 상황과 아무런 관련이 없다. 그저 파도는 모래사장 쪽으로 들어왔다가 나가기를 무한히 반복하는 것이다. 바다처럼 산다는 것은 곧 파도처럼 산다는 것은 아닐까. 밀려 들어오면 들어오는 대로, 바다 쪽으로 다시 들어가면 들어가는 대로 나에게 무슨 일이 생기든 그대로 받아들이는 것이다. 내가 파도를 멈추거나 막을 수 없는 것과 마찬가지로 아무리 내가 계획을 세워도 뜻하지 않은 상황은 생기기 마련이다. 단 한 번이라도 계획표에 딱 맞는 삶을 살아 봤던가. 그걸 알면서도 나는 항상 조급하다. 그래서 '이제 또 뭐 해야 하지?'

*** 참고 자료**
로랑스 드빌레르, 『모든 삶은 흐른다』, 이주영 번역, 피카(FIKA), 2023.

카트라이더

    카트라이더에 빠져 있던 때가 있었다. 난 게임을 잘하는 편은 아니지만 그래도 중수 정도는 된다. 스피드전은 하지 않고 아이템전만 하는데 열심히 하면 개인전에서 꼭 3등 안에는 든다. 고수들과 만나도 1등을 할 때가 많다. 하지만 게임을 오래 하면 지루해지고 집중력도 떨어져서 꼭 멍 때리면서 하게 된다. 그때 느끼는 감정은 '꼴찌는 편하다'는 것이다. 꼴찌로 달리면 아무도 나를 공격하지 않는다. 다들 1등을 향해 앞으로만 나아가기 바빠서 자신보다 뒤에 있는 플레이어는 신경을 쓰지 않는다. 1등이 목표인 게임에서 꼴찌로 달리면 편한 것은 당연한 이치다.

    카트라이더를 꼴찌로 멍 때리면서 달려도 나름대로 재미있다. 등수에 연연하지 않고, 경쟁에 빠지지 않으면서 단순히 조작하는 재미를 느끼는 것이다. 꼴찌로 달려도 기분이 상하지 않는 이유는 언제든 내가 원하면 집중력을 발휘해 1등을 할 수 있기 때문이다. 1등을 할 수 있지만 일부러 경쟁을 피해 꼴찌로 달리는 느낌 또한 나쁘지 않다. 1등을 위해 카트라이더를 할 때는 신경이 날카로워지고 입에서 욕도 나오지만 꼴찌로 달릴 때는 마음 편하게 게임을 그 자체로 즐길 수 있다.

삶에서도 꼴찌로 달릴 여유가 있어야 하지 않을까? 매일매일 하루가 꽉 찬 시간표를 짜서 자신을 구겨 넣는 삶은 괴롭다. 시간표대로 움직이지 않으면 남들과의 경쟁에서 뒤떨어진다는 불안과 압박에서 벗어나야 한다. 성공을 향한 시간표를 스스로 만들어 놓고 이를 지키면 마치 성공에 다가가는 듯한 성취감을 느끼는 것은 자기 착취일 뿐이다. 있지도 않은 세상의 성공 목표들을 설정해 놓고 스스로를 채찍질하며 만족하는 것이다.

게으름은 죄악이 아니다. 게으름이라는 것은 없다. 게으름은 오직 1등이 목표일 때, 경쟁에 뛰어들어 죽어라 살아가는 것이 목적일 때만 죄악이 된다. 게으르다는 느낌, 시간 낭비를 하고 있다는 감정은 만들어진 관념일 뿐이다. 자본주의 사회에서 성공의 기준을 만들고, 그들처럼 살아가지 않으면 실패자, 패배자가 된다는 성공주의 사회가 만들어 낸 환상에 지나지 않는다.

책을 쓰고, 네이버 인물정보에 프로필도 등록해 놓았지만 허무함만 커졌다. 앞으로 어떻게 하면 더 좋은 책을 쓸 수 있을지, 이제 무엇을 하면 더 좋을지 항상 고민이다. 오히려 책도 읽히지 않고 글도 써지지 않는다. 그러나 이러한 상황을 즐기지 못하는 것은 아닐까. 언제든 책을 읽을 수 있고, 언제든 글을 쓸 수 있다.

지금은 꼴찌로 달리며 주행 자체를 즐겨야 할 시간인지도 모르겠다. 모든 시간표를 무시하고 멍 때리며 잠시 꼴찌로 달리면 어떤가!

*** 참고 자료**
데번 프라이스, 『게으르다는 착각』, 이현 번역, 웨일북(whalebooks), 2022.

모기

 '잡았다, 요놈!' 책을 읽다가도, 넷플릭스를 보다가도, 잠을 자다가도 모기가 물면 나의 온 정신은 모기에 집중한다. 모기가 물면 아프기도 하고, 가렵기도 한 그 고통이 너무나 싫다. '헨리 데이빗 소로우'는 『월든』에서 모기가 날아다니는 소리가 아름다운 음악과 같다고 했지만, 나에게는 모깃소리보다 짜증 나는 것이 없다. 모기는 나의 모든 활동을 중단시키고 자신에게 온 신경을 집중하게 만든다. 당장 눈앞의 문제만 보이게 하는 것이다.

 모기가 물면 짜증 나는 것은 어쩔 수 없는 일이다. 일상 속에서 나에게 벌어지는 일들을 모기가 물 때처럼 반응할 때면 나는 쾌락주의자가 아닌가 싶다. 그 배후의 이유가 무엇이든 표면으로 드러나는 감각적인 것만을 쫓는 것이다. 나에게 만족을 주고, 즐거움을 가져다주는 것만을 추구하는 삶이다. 눈앞의 이익만 쫓는 것이 왜 나쁜가. 좋으면 좋다고 하고, 싫으면 짜증을 내는 것이 당연한 것 아닌가. 하지만 쾌락주의자의 삶은 무게가 없

1. 삶의 비평   77

어 보인다. 인내로 얻을 수 있는 삶의 깊이를 알지 못한다.

우주의 별은 바닷가의 모래알보다 많다. 지구는 셀 수도 없을 만큼 많은 별들 중 하나일 뿐이며 우주의 중심도 아니다. 우주에서 바라본 지구에는 국경선이 없으며 푸른 점에 불과하다. 그 점 속에서 사람들은 서로를 미워하고 싸우고 전쟁을 벌인다. 그 점 속에 보이지도 않는 존재로서의 '나'가 있다.

짜증을 내기 전에, 상대방에게 화를 내기 전에 우주까지는 아니더라도, 큰 그림을 먼저 생각할 수 있다면 인내할 수 있지 않을까? 당장 내가 힘들고 괴롭지만, 보다 넓은 시야를 갖고 상대방을 이해하며 인내할 수는 없을까? 나는 왜 하나님을 믿을까. 당장의 내 삶의 문제를 해결하고, 편안하고 안락한 삶을 위해, 복을 받기 위해 교회를 다니는 것은 아닐까? 그러나 하나님 나라의 일원으로서 사랑을 실천하는 삶을 사는 것이 신앙의 본질일 것이다.

불만족과 권태. 나는 항상 무엇인가를 욕구한다. 만족을 얻기 위해 죽어라 노력하고, 목표한 만족을 얻으면 권태에 빠진다. 권태는 우울로 나아가기도 한다. 그리고 곧 권태는 다시 불만족으로 변한다. 나의 삶은 항상 불만족과 권태의 줄다리기 속 어느 한 지점에 서 있다. 그러나 불만족을 극복하기 위해 노력하고, 권태를 벗어나기 위해 애쓰는 것이 삶의 본질이다. 당장 만족하지 못한다고 포기하거나, 권태를 느낀다고 게을러지는 것은 인내와 깊이가 없는 삶이다. 그러나 여전히, 모기가 무는 것은 참기 힘든 고통이다. 일단 홈매트 전원부터 켜 본다.

* 참고 자료
헨리 데이빗 소로우, 『월든』, 강승영 번역, 은행나무, 2011.

흥부와 놀부

　돈은 폭력적이다. 내가 하고 싶은 것은 무엇인지 묻지도 않고서 돈을 위해 내 삶을 바치게 한다. 왜 내가 매일 출근시간에 맞춰 알람을 설정하고 그 시간에 일어나야 하는가. 왜 만나기도 싫은 사람들과 같은 공간에 있어야 하는가. 왜 내가 하고 싶은 일은 못하고 하루 종일 하기 싫은 일만 해야 하는가. 모두 돈 때문이다. 돈은 내 삶을 규정하는 가장 큰 권력이다.

　하고 싶은 일을 하는데 돈까지 벌 수 있다면 그보다 좋은 것은 없을 것이다. 그러나 그 어떤 일도 자유롭게 내가 하고 싶은 일을 하는데 돈을 주지는 않는다. 전문직도 마찬가지다. 전문직이라고, 좋은 직장이라고 하고 싶은 일만 하지는 않는다. 돈은 꼭 하기 싫은 일을 억지로 해야 자신을 내어 준다.

　흥부와 놀부 이야기가 미소 짓게 하는 이유는 마음씨 착한 흥부가 부자가 되었기 때문이다. 착하게 행동하고, 성실하게 살면 부자가 될 것이라는 희망을 갖게 한다. 착하고 선한 것을 추구하는 자신의 삶이 나중에라도 꼭 보상을 받을 수 있다는 스토리에 만족감을 얻는 것이다.

그러나 착하고 악함은 돈과 관련이 없다. 도덕적인 사람이 꼭 부자가 되지도 않고, 악한 사람이 반드시 가난한 것도 아니다. 부자가 되려면 하고 싶은 일을 하지 말아야 한다. 자신의 시간과 자유를 모두 반납하고 돈을 위해 삶을 내어 주어야 한다. 소비를 줄이고 욕구를 억제해야 돈을 모을 수 있다. 착한 사람이 부자가 되는 것이 아니라 돈이 원하는 일을 억지로 하는 사람이 돈을 벌 수 있다. 사고 싶은 것, 먹고 싶은 것을 참는 사람이 돈을 모은다.

자본주의 사회에서 돈의 폭력으로부터 자유로울 수는 없다. 그렇다면 돈이 내 자유를 빼앗아 가지 못하도록 최대한 저항해야 한다. 업무에 지장이 없는 한 업무시간에 일을 하지 말고 내가 하고 싶은 일을 해야 한다. 이렇게 할 수 있는 일을 찾아야 한다. 궁극적으로는 일하지 않아도 돈을 벌 수 있어야 한다. 건물주가 되어 월세를 받거나 금융 투자를 통해 이자만으로도 충분한 소득을 얻을 수 있는 방법을 찾는 것이다. 마음씨 착한 흥부가 부자가 된 것은 우연히 로또를 맞았기 때문일 뿐이다.

* **참고 자료**
김병규, 『흥부전』, 유승범 그림/만화, 알라딘북스, 2014.

몰입

　과거를 돌아보면 시간이 너무나 빨리 흐른다. 어떻게 벌써 연말이 되어 크리스마스를 맞게 됐는지 모르겠다. 특별히 한 일도 없는데 시간이 이렇게 빨리 지나간 것이 믿기지 않는다. 시간의 소중함을 느끼고 더욱 의미 있게 살아야겠다는 다짐을 한다.

　미래를 바라보면 시간이 왜 이렇게 안 가는지 모르겠다. 빨리 월급날이 되어 저축을 해서 목표한 돈을 모으고 싶다. 빨리 시간이 지나 지금 하고 있는 부업을 그만하고 싶다. 부업을 그만두고 도서관에서 오전만 일하고 오후 시간에는 마음껏 책을 읽고 글을 쓰고 싶다. 이처럼 미래를 생각하면 시간은 너무 느리고 답답하다.

　현재, 지금 이 순간을 생각하면 시간이 빨리 가기도 하고 느리게 가기도 한다. 무엇엔가에 집중하고 몰입하면 시간이 빠르게 흐르지만 그렇지 않을 때는 지루해서 견딜 수 없을 정도로 시간이 안 간다. 몰입의 경험도 그 대상이 가치 있는 것일 때 성취감을 느낄 수 있을 뿐 가치 없는 것에 몰입하면 시간만 빨리 가고 짜증과 허무함을 느끼게 된다.

　결국 과거는 허탈하고 미래는 답답하며 현재는 지루하다. 유일한 방법은 가치 있는 일에 몰입하는 것이다. 무엇이 나에게 가치 있는지 탐색하고 이를 이루기 위해 노력해야 하는 것이다. 나의 경우는 책을 읽고 글을 쓰는 것이 가치 있는 일이다. 그러나 가치 있게 느껴지는 일이라도 때론 지루하고 힘들게 느껴진다. 매일 어떤 책을 읽을지 고민하고, 어떤 글을 쓸지 생각한다.

　당연한 말이지만, 시간 그 자체는 아무런 가치 판단이 개입되지 않는다. 시간은 세상이 창조되기 전부터 정확하고 일정하게 흐를 뿐이다. 그 시간이 가치가 있는지 없는지는 오직 내가 결정한다. 어떤 의미를 부여하는지에 따라 나의 시간, 나의 삶이 달라지는 것이다. 그렇다면 허탈해할 것도, 조급할 것도 없다. 시간을 탓할 것이 아니라 시간을 대하는 나의 삶의 태도를 바꿔야 한다. 나는 지금 이 순간 가치 있는 일에 몰입하고 있는가? 몰입을 위해 노력하고 있는가? 시간을 극복할 수 있는 유일한 질문이다.

* **참고 자료**
수전 울프, 『LIFE 삶이란 무엇인가』, 박세연 번역, 엘도라도, 2014.

프랑켄슈타인

　마음이 꼬인 사람들이 싫다. 열등감에 사로잡혀 시기와 질투로 가득 찬 사람들이 정말 싫다. 이들은 남을 끌어내리는 데 혈안이 돼 있다. 자기보다 잘난 사람들을 어떻게든 깎아내리고 자신의 열등한 위치에 그 사람을 맞추려 애쓴다. 남이 잘 되는 꼴은 죽어도 못 보겠다는 사람들이다.

　나도 나보다 잘난 사람들을 만나면 시기와 질투심을 갖게 된다. 하지만 절대 밖으로 표현하지 않는다. 일부러 해코지를 하지도 않고, 오히려 그들을 대할 때 최대한 친절하게 대하려 노력한다. 인정할 것은 인정하고 오히려 내가 가진 것에 집중한다. '그 사람이 이것은 잘났지만, 나 또한 이것은 있다'라는 식으로 나의 자존감을 지킨다. 그래도 도저히 안될 것 같은 때는 신경을 끈다. '호의적 무관심'의 태도로 그 사람을 대하는 것이다.

　중요한 것은 나 자신이다. 다른 사람이 9의 위치에 있고, 내가 5의 위치에 있다면 그 사람을 나와 같은 5의 수준으로 깎아내린다고 내가 높아지는 것이 아니다. 나는 5의 수준 그대로 머물러 있을 뿐이다. 내가 7의 위치로, 8의 높이로 올라가려고 노력하는 것이 중요하다는 말이다. 동시에 타인을 깎아내린다고 내려가지도 않는다. 잠시 나와 같은 처지가 됐다는 느낌에 안도하고 기분이 좋아질 뿐이다.

프랑켄슈타인이 만든 괴물은 자신의 삶을 남의 인생을 파괴하는 데 바쳤다. 그 괴물은 자신의 열등감과 패배감을 자신을 만든 프랑켄슈타인이 고통받는 것으로 해소하려 했다. 프랑켄슈타인의 괴물은 착한 마음을 가졌고, 사람에 대한 애정이 있었지만 괴기한 외모 때문에 아무에게도 받아들여지지 못했다. 그렇다면 괴물은 자신의 외모를 바꾸려 노력했어야 했다. 열등감의 원인을 해결했어야 한다는 말이다. 아무리 노력해도 외모를 바꿀 수 없었다면 호감을 살 수 있는 다른 방법을 찾아야 했다.

누군가가 부럽고, 내가 열등하게 느껴질 수 있다. 그렇다고 그 사람을 일부러 무시하거나 깎아내려서는 안된다. 이는 자신의 삶을 타인에게 소진하는 프랑켄슈타인의 괴물일 뿐이다.

* **참고 자료**
메리 셸리, 『프랑켄슈타인』, 김선형 번역, 문학동네, 2012.

딜레마

자본주의 사회는 이기심을 강요한다. 돈을 벌기 위해서는 경쟁을 해야 하고 적자생존의 법칙을 따라야 한다. 경쟁을 통해 가장 효율적으로 돈을 벌거나 소비해야 하고 그 과정에서 도태되는 사람들이 생기게 된다. 이러한 자본주의 사회의 원리는 삶의 태도로 발전한다. 이기심, 경쟁이 내면화되는 것이다. 그 결과는 사랑의 결핍, 이타주의의 실종 등으로 나타나고 우울과 허무의 감정을 느끼게 된다. 문제는 이러한 자본주의의 원리를 거부할 수 없다는 것이다. 자본주의 사회에서 살아가고 있다면 이기심을 원리로 하는 삶의 방식을 따라야만 생존할 수 있다.

반면 기독교는 사랑이다. 예수님께서 날 살리기 위해 대신 죽으셨다는 사실을 깊게 깨닫게 된 사람은 자신이 아닌 남을 위해 살아가려 노력하게 된다. 예수님의 희생을 매일 묵상하며 이기심이 아닌 이타심을 바탕으로 삶을 살아가는 것이다. 자본주의 사회에서 추구하는 물질적 부를 삶의 목적으로 삼지 않는다.

그러므로 진실한 기독교인이라면 자본주의 사회에서 성공할 수 없다. 하나님의 은총으로 물질적 부를 축적하는 경우도 있으나 이타심을 기본으로 하는 기독교 신앙을 가지고 살면 자본주의 사회에서 도태되는 것은 당연한 일이다. 그러나 대신 사랑의 충만함, 삶의 보람을 느낄 수 있다.

나는 이기심이 인간이 타고나는 본성이라고 생각하지 않는다. 자본주의 사회에서 체화되는 것이라 생각한다. 우리가 가족과 친구를 만날 때 한없이 이타적으로 행동하는 것을 보면 알 수 있다. 문제는 나에게 주어진 사회적 환경과 구조가 이기심을 기본으로 살아갈 것을 강요한다는 것이다. 그러는 동시에 나의 내면에서는 예수님의 십자가 희생을 기억하며 남을 사랑하고 희생할 것을 강요한다. 이러한 상황에서 나는 어떻게 해야 할까. 나는 아직 나의 생존을 포기하고 무한히 이타적인 삶을 선택할 만큼 신앙이 깊지 못하다. 알고 있다. 나 자신을 버리고 하나님의 사랑을 전적으로 의지하면 하나님께서 모든 것을 채워 주시리라는 것을. 그것은 분명한 사실이다.

하지만 나는 이미 자본주의 사회의 삶의 원리들에 적응해 있다. 경쟁에서 이길 수 있다는 자신감도 있다. 자본주의 사회의 원리들이 나에게 유리하다고 생각하는 것이다. 최고의 대학은 아니지만 남들보다 좋은 대학을 나왔고, 남들이 쉽게 들어갈 수 없는 직장들도 경험했다. 글쓰기도 내가 내세울 수 있는 무기다. 많은 돈을 벌지는 못하지만 일상생활을 유지하고, 하고 싶은 것을 하는 데 어려움을 느끼지 못할 만큼의 수익을 얻고 있다. 나만의 착각인지도 모르지만 자본주의 사회에서 내가 강자의 입장, 유리한 위치에 있는데 굳이 이기심을 버려야 할까. 가장 좋은 것은 경쟁심과 이기심을 유지하면서 우울과 허무의 감정을 없애는 것이다. 나는 한 발은 차가운 자본주의의 원리 속에 담그고, 다른 한 발은 뜨거운 기독교 신앙의 사랑에 담그고 살아가고 있다. 나는 차가움을 느끼고 있는 것일까, 뜨거움을 느끼고 있는 것일까.

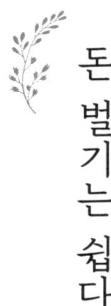
돈 벌기는 쉽다

한동대학교 졸업, 토익 945점. 이 스펙으로 나는 고등학생 때부터 꿈꾸던 기자가 됐다. 조선일보 인턴을 거친 후 언론고시를 통과해 기자가 될 수 있었다. 치열했던 기자 생활을 끝내고 다음 직장을 선택할 때 가장 중요시했던 것은 워라밸(work and life balance)이 가능한 편안함이었다. 그래서 선택한 것이 소위 신의 직장이라고 하는 대학교 정규직 교직원이었다. 교직원은 몸은 편했을지 모르나 마음은 그렇지 않았다. 시간이 많다 보니 서로에 대한 시기와 질투가 끊이지 않았다. 월급도 너무나 적었다. 결국 교직원도 그만두었다.

기자와 교직원을 거치면서 나는 더 이상 무엇을 해야 할지 몰랐다. 이후 나는 20개가 넘는 알바를 했다. 다양한 알바를 하면서 느낀 점은 돈 벌기가 생각보다 쉽다는 것이었다. 알바를 하면서 내 능력의 한계를 느낀 적은 단 한 번도 없다. 오히려 너무 쉬운 업무에 '이렇게 해도 돈을 벌 수 있다는 것이 놀랍다'는 생각

1. 삶의 비평

만 들었다.

　문제는 자존감이었다. 기자, 교직원을 하던 내가 알바라니. 하지만 돈은 최대한 쉽게 벌고, 하고 싶은 공부를 할 때는 최선을 다했다. 인문학 강의를 신청해 참석했고, 책을 항상 읽었으며, 글을 썼다. 알바를 하면서 느끼는 자괴감을 공부를 통해 해소하려 했던 것이다. 그 결과 내 이름으로 책을 낼 수 있었고, 작가가 될 수 있었다.

　취직이 안된다는 말을 나는 이해할 수 없다. 당장 할 수 있는 알바가 너무나도 많기 때문이다. 취직이 안 되는 것이 아니라, 자신이 원하는 곳에 취직이 안된다고 해야 맞는 말이다. 또한 지금 돌아보면 왜 그렇게 취직을 하려고 애쓰는지도 모르겠다. 취직을 했다고 축하를 받는 것 또한 웃기는 일이다. 아침 일찍 피곤한 몸으로 일어나 매일매일 만원 버스, 만원 지하철이라는 고통을 견뎌야 한다. 일터에서는 하루 종일 일과 사람 스트레스를 받는다. 아무리 좋은 직장, 원하는 직장에 들어간다 해도 일은 일이다. 이 세상에 좋은 일, 편한 일은 없다.

　그렇다면 생각을 바꿔 원하는 직장에 들어가려 하기보다 편하고 쉽게 돈을 벌 수 있는 알바를 찾는 것이 합리적이지 않을까. 물론 원하는 직장을 모두 거쳐 본 다음 알바를 하는 것과 처음부터 모든 것을 포기하고 알바를 하는 것은 차이가 있을 수 있다. 나 같아도 4년제 대학 나와서 취직이 안된다고 처음부터 알바를 할 수는 없을 것 같다. 그러나 취직이 정 안된다면 차라리 용기를 내 알바를 시작해 보는 것도 나쁘지 않을 것이다.

물론 많은 수입을 기대하기는 힘들다. 하지만 힘든 직장에 들어가 아침 일찍 출근하고, 퇴근해서도 직장 일이 계속 걱정되는 부담스러운 업무를 하게 된다면 오히려 알바가 더 효율적이다. 받는 돈은 적지만 그만큼 스트레스가 없기 때문이다. 퇴근해서도 직장 일이 걱정된다면 그것은 퇴근한 것이 아니다. 그렇다고 돈을 더 주는 것도 아니다. 일 때문에 항상 초조하고 잠도 못 잘 정도라면 상황은 더욱 심각하다. 이 모든 시간을 업무의 연장이라 생각하면 차라리 짧게 일하고, 퇴근하면 아무 스트레스가 없는 알바가 더 나은 선택일 수도 있다. 돈은 최대한 쉽게 버는 것이 답이다.

계룡대

"손들어! 움직이면 쏜다!" 군 복무 시절 주로 철책 경계를 섰다. 근무에 나가기 전 중요했던 것 중 하나가 암구호를 외우는 것이었다. 철책 중간중간에는 초소가 있었는데 초소에서 경계 근무를 할 때 누가 오는 것이 발견되면 재빨리 몸을 숨기고 암구호를 외쳐야 했다. 어느 날 암구호로 '라이언-담배'가 나왔다. 선임과 함께 초소에서 야간근무를 서고 있었는데 누군가 다가오는 발자국 소리가 들렸다. 선임과 나는 몸을 숨겼고, 선임은 총부리를 겨누고 외쳤다. "손들어! 움직이면 쏜다! 사자!" 상대방의 응답이 없자 선임은 여러 번 "사자! 사자!" 하고 다급하게 외쳤다. 선임은 "라이언"이라고 외쳐야 할 것을 "사자"라고 한 것이다. 발자국 소리는 잠깐 멈추었다가 다시 다가왔다. "아, 나 대대장인데" 하는 목소리가 들려왔다. 대대장은 선임을 보고 "라이언이 사자가 맞기는 한데 이걸 맞았다고 해 줘야 되냐, 틀렸다고 해야 되냐?"라며 불편한 심기를 드러냈다. 이후 이 일은 '라이언 사건'

으로 회자됐다.

군 시절 우리만의 은어가 있었다. 바로 간부가 다가오면 '개스! 개스! 개스!'라고 숨죽여 외치는 것이었다. 내무반 안에서 자유롭게 웃고 떠들다가도 누군가 간부를 발견하고 '개스!'라고 외치면 재빨리 몸을 움직여 쓰레기를 치우고 바른 자세로 각을 잡았다. 문제는 훈련 때 일어났다. 완전군장을 하고 위장크림을 바르고 두 명씩 짝을 지어 진지에 들어가 경계를 하는 훈련이었다. 진지에 들어가 지루한 시간을 보내고 있는데 옆 진지에서 다급한 목소리가 들렸다. "개스! 개스! 개스!" 그러자 나의 선임은 화생방을 대비한 상황이라 판단하고 빨리 방독면을 쓰라고 했다. 그렇게 재빨리 방독면을 쓰고 있는데 저 멀리서 연대장이 오는 것이 보였다. 선임과 나는 방독면을 쓰고 자세를 고쳐 잡았다. 연대장은 우리를 보고 "자네들은 왜 방독면을 쓰고 있나?"라고 물었다. 선임은 우리만의 은어인 '개스'를 훈련 상황이라 오해했던 것이다. 결국 우리는 아무 대답도 하지 못했다.

나는 군 가산점제에 동의한다. 여성과 장애인들이 차별을 받는다고는 하지만 꽃다운 나이에 자신의 의지와 관계없이 군대로 끌려가는 데 대한 보상은 있어야 한다고 생각한다. 그런 의미에서 나는 모병제를 찬성한다. 군 전력에 문제가 생기지 않는다면 군 입대를 자발적으로 선택하는 것이 맞다고 본다. 다만 여성도 지원할 수 있으므로 성 평등에 기여한다는 얘기는 아직 이르지 않은가 싶다. 아무리 생각해도 20대 초반의 여성들이 총을 메고 진흙 바닥을 구르며 군 생활을 하는 것이 상상이 되지를 않는다. 이스라엘 같은 나라들의 예에서 보듯 여군이 불가능한 것은 아니지만 무엇인가 심적으로 불안한 것이 사실이다. 물론 나는 모병제가 실현된다고 하면 죽어도 군대는 안 갔을 것이다. 내가 이등병 때 다른 이등병 선임이 토로했듯 "나는 이등병이 성격에 안 맞는다."

괴물

매일 아침 알바를 시작하기 전 사무실 책상에 앉아 음악을 듣는다. 그런데 나는 찬송가는 듣지 못한다. 일터에서는 오직 내 이익만을 추구할 것을 강하게 마음먹고 있는데 찬송가는 이런 마음을 약하게 만들기 때문이다. 죄책감마저 느끼게 한다. 일터에서 나는 '내 이익을 침해하면 죽여 버리겠다'는 마음을 품고 있다. 물론 겉으로는 웃으며 이런 마음을 절대 드러내지 않지만.

신자유주의 사회에서 '나의 이익만을 추구하겠다'는 마음을 강하게 갖는 것이 문제일까? 존 롤즈(John Rawls)는 분배 정의를 설명하면서 맥시민(maximin) 원칙을 제시했다. 최소 수혜자에게 이익이 되는 한 불평등은 용인할 수 있다는 것이다. 즉, 가난한 사람에게 조금이라도 이익이 생긴다면 부자가 아무리 이기심을 갖고 엄청난 부를 축적해도 문제가 없다는 말이다. 한마디로 남에게 피해를 주지 않는다면 내 이익만 챙기는 것은 정의의 원칙에도 어긋나지 않는다는 것이다. 내가 남보다 더 큰 힘을 갖고 있다면 그 힘을 최대한 활용해 내 이익만 추구하는 것은 어쩌면 당연한 것일 수도 있다.

그러나 나는 더 나아가 극단적 상황에서는 남에게 피해를 주더라도 내 이익만 챙겨야 한다고 생각한다. 우선 내가 살아야 하기 때문이다. 만약 나에게 갓난 아기가 있는데 돈이 없어 분유를 사지 못하는 상황이라면 어떨까. 돈을 구할 수 있는 방법도 없다면 나는 분유를 훔칠 것이다. 걸리지 않게 최대한 많이 훔칠 것이고 사기를 쳐야 한다면 그렇게 할 것이다. 나 때문에 남의 아기가 굶어도 어쩔 수 없다. 나는 내 아기를 살릴 것이다. 당장 내가 죽는 상황이라면 물불을 가리지 않고 내 이익만 챙겨야 한다.

이런 나는 교회에 갈 때마다, 성경을 읽고 기도를 할 때마다 너무나 괴롭다. 교회에서는 손해 보는 상황에서도 이타적일 것을 요구하기 때문이다. 예수님께서는 나에게 아무런 대가도 요구하지 않으시고 나를 살리기 위해 목숨을 내어 주셨다. 나는 구원받을 자격조차 없는 사람이다. 그런 나를 위해 예수님은 모든 것을 희생하신 것이다. 나를 살리기 위해 신이 온갖 모욕을 받고 십자가에서 죽었다. 그런데도 나는 이웃을 사랑하며 살지 못한다.

나는 선한 사람일까, 악한 사람일까. 나 역시 지킬 박사와 하이드를 한 몸에 갖고 있는 것일까. 내 인격이 지킬 박사일 때는 이타적이고 남을 사랑하는 삶을 살아야 한다고 생각하지만, 그

것은 생각일 뿐이다. 오히려 이기적인 것이 편하다. 이기적으로 생각하고 행동하는 것에 아무런 양심의 가책도 없다. 그러면서 입으로는 지킬 박사의 삶이 맞다고 얘기한다. 나는 지킬 박사를 온 존재를 기울여 사랑하면서도 동시에 잔인하게 죽이고 싶은 하이드다. 나는 괴물이다.

* **참고 자료**
로버트 루이스 스티븐슨,『지킬 박사와 하이드 씨』, 조영학 번역, 열린책들, 2011.

메멘토 모리

내가 만약 오늘 죽는다고 생각하면? 우선 담배가 달다. 평소에는 시간에 쫓기듯 피우는 담배였다. 맛도 모른 채 인상을 찌푸리고 생각에 잠겨 담배를 빨아 대기에 바빴었다. 담배 한 모금이 이렇게 소중한 것인 줄은 몰랐다. 한 겨울의 찬 바람이라도 바람을 느낄 수 있다는 것 자체에 감사한다. 하늘은 너무나 예쁘고 햇살은 눈부시다. 길가의 가로수들이지만 자연을 보면 경이롭다. 가지를 뻗고, 나뭇잎을 자라게 하는 생명력이 놀라울 뿐이다. 정수기에서 찬물을 받아 마신다. 엄청 시원하고 달기까지 하다. 물 한 컵이 이렇게 소중하다.

엄마, 아빠를 생각하면 가슴이 미어진다. 아무것도 해드린 것이 없다. '엄마의 마음을 아프게 하는 일은 하지 말자', '엄마가 화낼 일은 절대로 하지 말자' 정도가 내가 해 온 전부였다. 나는 엄마에게 자랑스러운 아들이었을까? 동생에게는 항상 미안하다. 나는 동생에게 좋은 형이 되고 싶었다. 하지만 그렇지 못한 것 같아 마음이 아프다. 제수씨에게도 더 신경을 써야 했다. 죄송할 뿐이다. 귀엽고 예쁜 우리 조카를 더 많이 사랑해야 했는데 그것도 너무나 아쉽다. 우리 가족에게 나는 사랑받는 사람이었을까?

돈 생각은 나지도 않는다. 아파트? 명품? 슈퍼카? 생각하기도 싫다. 쓸데없는 시간 낭비다. 사회적 지위를 생각하는 것도 웃기는 일이다. 이만하면 됐다. 책도 한 권 냈고, 이름과 사진도 검색된다. 얼마나 많은 사람이 나를 아는지는 중요하지 않다. 내가 누구인지 내가 아는 것이 중요하다. 이 정도면 나에게 나를 충분히 증명했다고 생각한다. 더 이상 무엇을 바라는 것은 욕심이다. 나를 아는 사람들이 나를 최소한 글쓰기를 좋아하는 사람으로 알아주면 바랄 것이 없다.

혹시나 내가 누구에게 상처를 주었거나 나 때문에 기분이 상한 일이 있다면 용서해 주기를 바란다. 대화 중에 내 자랑을 해서 기분이 상했다거나, 내 이기심 때문에 상대방을 배려하지 못해 마음을 아프게 했을 수도 있다. 내가 부족한 탓이다. 나는 그런 사람밖에 되지 못한다. 부디 용서를 빈다. 마지막으로 나는 나 자신 역시 용서하려 한다. 후회되는 많은 일들이 있다. 그 당시 상황을 떠올리면 그렇게 할 수밖에 없었다고 생각하지만 그래도 잘못은 잘못이다.

죽음을 알면 삶을 알 수 있다고 한다. 오늘 죽는다고 생각하니 내 삶에는 감사와 사랑, 용서가 남는다. 돈과 명예는 생각하고 싶지도 않다. 이것이 삶의 의미이자 목적일 것이다. 메멘토 모리 (Memento mori), 매일 죽음을 기억하며 살 수 있을까?

* **참고 자료**
미치 앨봄, 『모리와 함께한 화요일』, 공경희 번역, 살림, 2017.

CCTV

    K-양심. K-Pop이나 K-Food처럼 우리나라 사람들의 양심적 행태를 일컫는 말이다. 한국에서는 카페에서 휴대전화, 노트북, 지갑 등을 놓아두고 오랜 시간 자리를 비워도 아무도 훔쳐 가지 않는다는 것이다. 실제로 그런지 행동 실험을 하는 유튜브나 틱톡 영상도 심심찮게 볼 수 있다. 외국에서는 절대 그럴 수 없다며 이를 한국의 우수한 문화로 치켜세우는 외국인도 많다. 하지만 이를 냉소적으로 바라보는 사람들은 K-양심이 아니라 수많은 CCTV 때문이라고 말한다.

    CCTV를 두고 사생활 침해, 인권 침해라는 주장이 있는 반면에 범죄 예방, 사고 대비, 심지어 국방에까지 유용하게 쓰인다는 주장이 맞서고 있다. 나는 CCTV 설치로 잃는 것보다는 얻는 것이 더 많다고 생각한다. 감시로 인한 인권 침해를 따진다면 CCTV뿐 아니라 주민등록번호, 실시간 대중교통 승하차 기록 등도 심각한 문제다. 심지어 휴대전화 번호만 알아 내면 누가, 언제, 어디에서 무엇을 결제했는지 카드 사용 내역까지 쉽게 확인할 수 있다. 질서유지, 안전, 환자 보호 등의 명목으로 이미 우리는 수많은 방법으로 사생활을 감시 당하고 있다.

중요한 것은 이러한 감시 기술을 어떤 목적으로 사용하느냐에 있는 것이지 기술 그 자체에 문제가 있는 것은 아니라는 점이다. CCTV로 한 사람의 일거수일투족을 하루 종일 감시하며 그 사람의 생각과 행동을 통제하려 한다면 이는 분명한 인권 침해, 사생활 침해가 될 수 있다. 하지만 자신의 생각과 행동이 정당한 사람이라면 아무리 많은 CCTV가 있고, 24시간 녹화를 해도 의식조차 하지 않을 것이다. 마치 안경을 오래 쓰고 있으면 안경을 썼는지 안 썼는지 잊게 되는 것처럼 편하게 느껴지는 것과 같다. 오히려 이러한 감시 기술은 사고가 났을 때 억울한 누명을 벗어나는 데 도움이 될 수도 있다.

CCTV를 비롯한 수많은 감시 기술들은 판옵티콘(Panopticon)으로 작용해 감시를 내면화할 수 있다. 즉 스스로 생각과 행동을 검열하게 되는 것이다. 그러나 K-양심의 실체가 자기 감시를 내면화한 결과라 해도 나는 CCTV를 지지한다. CCTV가 있기 때문이라도 K-양심은 바람직한 것이기 때문이다. 감시 기술은 양날의 검과 같다. 어떻게 쓰느냐에 따라 인권 침해가 될 수도 있고 아니면 오히려 인권을 보호하는 역할도 할 수 있다. 감시 기술을 이용해 권력을 행사하고, 통제를 하려 한다면 이는 분명한 인권 침해다. 그러나 생각과 행동이 정당하다면 수많은 감시 기술은 나 자신을 보호하고 편리한 삶을 누리게 해 준다. CCTV 수천 개가 날 보고 있고, 하루 종일 음성까지 녹음한다 해도 난 자유롭다. 말과 행동과 생각이 정당하기 때문이다.

봉우리

 '내가 지금 오른 곳은 작은 고갯마루였을 뿐. 길은 다시 다른 봉우리로.' 김민기의 '봉우리'라는 노래다. 지금 나의 목표, 그 봉우리만 오르면 내 인생의 행복이 찾아올 줄 알았지만, 봉우리에 오르는 순간 보이는 것은 더 높은 봉우리였다. 그뿐만이 아니다. 봉우리는 능선을 따라 수도 없이 늘어서 있었다. 지금 이 봉우리에 오르기 위해 발바닥이 아픈 것도 참고, 목마른 것도 참았는데 오르고 보니 더 높은 봉우리가 있었을 때의 마음은 어떨까. 라디오에서 우연히 듣게 된 김민기의 조용하면서도 굵직한 목소리는 아직도 내 가슴속에서 울리는 듯하다.

 '만족에는 결코 만족이 없다.'는 말이 있다. 갖고 싶은 물건을 사려고 돈을 모으고, 결국 그것을 갖게 됐을지라도 며칠, 몇 달이 지나면 금세 만족감은 사라지고 만다. 신제품은 끝없이 출시되고, 나보다 능력이 뛰어난 사람들은 더 좋은 것을 갖고 있다. 꿈을 위해 열심히 내달려 결국 그 꿈을 이룬다 할지라도 또다시 경쟁은 시작된다. 결코 만족은 없다. 행복을 위해 살아가는 인생이라면 그 과정도 행복해야 할 텐데 현실은 그렇지 못하다. 어쩌면 현재는 미래의 노예가 되어 인생은 끝없이 목적을 향해 내달리는 고난의 시간으로 가득 채워지는 것인지도 모른다.

에리히 프롬은 『소유냐 존재냐』에서 소유적 삶과 존재적 삶을 구분했다. 소유적 삶이란 나의 정체성을 내가 가진 것으로 정의하는 것을 말한다. 나의 직업, 자동차, 옷, 심지어 예쁜 아내를 내세워 나를 드러내는 삶이 바로 소유적 삶이다. 반면 존재적 삶이란 나의 존재 그 자체를 긍정하는 삶이다. 소유로 나를 드러내는 것이 아니라 내가 지금 여기 존재하고 있다는 그 자체로 내가 긍정되고, 만족하는 삶을 말한다. 소유를 위한 삶은 미래의 어떤 것을 위해 현재를 미래의 노예로 내어 주지만, 존재적 삶은 현재 그 자체에서 행복을 찾는다. 존재적 삶은 행복은 지금 이 순간에 있음을 믿는다.

하지만 우리가 살아가고 있는 경제체제, 곧 자본주의 체제 속에서 소유에 의미를 두지 않고 존재적 삶만을 추구하는 것은 불가능해 보인다. 자본주의 체제는 인간의 이기심을 원동력으로 삼아 물질의 최적 분배를 달성하기 때문이다. 우리 집 밥상이 풍요롭게 되는 것은 농부가 원했던 일이 아니다. 농부는 자신의 이익을 최대화하기 위해 노력했을 뿐이다. 그러나 그 결과는 식탁에 오르는 반찬의 가지 수가 늘어나게 됐다는 것이다. 이처럼 이기심을 원리로 자원의 최적 분배를 달성하고 인간에게 풍요를 주는 상황 속에서 존재적 삶을 생각하기는 분명 어렵다.

그러나 자본주의 체제가 처음부터 인간의 이기심을 그 원리로 가졌던 것은 아니다. 막스 베버는 『프로테스탄티즘 윤리와 자본주의 정신』에서 자본주의는 이기심과 욕망의 추구로 발전된 것이 아니라, 절제와 근면과 같은 종교적 윤리에 의해 발전할 수 있었다고 말한다. 자본주의 초기에는 나태하고, 탐욕스러운 사람은 성공할 수 없었다는 것이다. 그런데 오늘날의 자본주의 체제는 노동력으로 돈을 만드는 것이 아니라, 돈이 돈을 만드는 것이 보편화되면서 초기의 윤리가 사라졌다고 설명하고 있다.

자본주의의 근본적 윤리인 프로테스탄티즘은 사랑을 최종 목표로 삼는다. 그렇다면 오늘날 극도의 이기심으로 위기에 처한 자본주의 체제를 되돌릴 방법은 이기심이 아닌 사랑일지도 모를 일이다. 자본주의가 나를 택한 것은 사랑을 강요하기 위함은 아닐까?

* **참고 자료**
에리히 프롬, 『소유냐 존재냐』, 최혁순 번역, 범우사, 1999.
막스 베버, 『프로테스탄티즘 윤리와 자본주의 정신』, 김현욱 번역, 동서문화사, 2016.

호부호형(呼父呼兄)

"어디 가서 기자라고 밝히지 마라" 기자 생활을 막 시작했을 때 선배가 해 준 말이었다. 취재할 때가 아니면 기자 신분을 밝히는 것은 무조건 손해 보는 일이라는 것이다. 기자라고 밝히면 상대방은 경계심을 갖게 되고 그러면 될 일도 안된다는 것이 선배의 말이었다. 처음에는 정말 그럴까 의심도 했지만 실제로 겪어 보니 선배의 말에 동의하지 않을 수 없었다.

대학교 정규직 교직원을 할 때가 특히 심했다. 경력을 모두 밝히고 입사지원을 했기 때문에 모든 구성원이 내가 기자였다는 것을 알았다. 상황은 생각보다 심각했다. 일부 사람들은 나를 존중해 주고 잘 대해 주었지만, 대부분의 사람들은 위화감을 느낀다며 경계했다. 사무실에서 신문을 못 보게 하는 것부터 시작해서 기자의 모습이 연상된다며 백팩도 메고 다니지 말라고 했다. 보수 언론사에 있던 내게 전교조 가입을 강요하기도 했다. 정말 숨이 막히도록 감정싸움을 해야 했다.

이런 경험들이 쌓이다 보니 이제는 어디 가서 내 경력을 절대로 밝히지 않는다. 나를 오래 봐 와서 내 삶을 모두 아는 친한 사람들이 아니면 내가 무엇을 한 사람인지 아무도 모른다. 현재 알바 하는 곳에서도 내 과거를 아는 사람은 한 명도 없다. 책을 낸 작가라는 것도 모른다. 이 때문에 불필요한 감정싸움이 일어나지도 않고, 아무도 나를 경계하지 않는다. 나 역시 경력을 의식하지 않는다. 업무 중 조금 틀려도, 실수해도 아무런 부담이 없는 것이다.

홍길동은 아버지를 아버지라 부르지 못하고, 뛰어난 능력이 있음에도 천한 출신 때문에 사회 진출을 못하는 것에 억울해했다. 나도 가끔 알바를 하고 있는 현실에 자괴감을 느낀다. '여기서 이러고 있는 것이 맞나?' 하는 생각이 드는 것이다. 하지만 오히려 경력을 숨기고 있는 것에 안도한다. 과거를 밝히는 순간 나를 바라보는 시선은 시기와 질투로 바뀌고 모든 삶이 경쟁적으로 변할 것이기 때문이다. 기자를 기자라고 부르지 못해 천만다행이다.

* **참고 자료**
허균, 『홍길동전』, 김탁환 번역·백범영 그림/만화, 민음사, 2009.

행운과 불행

한동대학교는 행운이었다. 평생 '하나님의 대학'을 졸업했다는 꼬리표를 달고 살아야 하기 때문이다. 교회를 나가든 안 나가든 나는 신앙을 가진 사람이었다는 과거를 끌어안아야만 한다. 한동대를 갈 정도로 믿음이 좋았던 청년이라는 사실은 바꿀 수 없는 것이다.

자부심도 있다. 수능 1%의 성적을 갖고 있는 선배를 알고 있고, 졸업 후 기자, PD가 된 선배와 동기, 후배도 있다. 검사로 일하고 계시는 선배도 있다. 변호사, 의사도 있고 삼성, LG 등 대기업에 취직한 사람도 많다. 이 정도면 좋은 학교에 다녔다고 말해도 무리가 없을 것이다.

물론 아직도 교회 다니는 사람이 아니면, 또 수능 성적이 일정 수준 이상인 사람이 아니면 한동대를 모르는 사람이 많다. 대학교 이름을 처음 들어 봤다는 사람이 대부분이다. 하지만 이것 또한 마음에 든다. 무엇인가 은둔 고수의 느낌이 든다. 처음에는

1. 삶의 비평   109

무시하다가도 실상을 알면 무시할 수 없다는 사실을 나는 은근히 즐기고 있다. 어차피 어느 정도 수준이 안 되면 한동대는 모를 수밖에 없다.

첫 직업이 기자였던 것도 행운이다. 고등학생 때부터 기자가 꿈이었는데 나는 꿈을 이룬 사람이 됐다. 기자는 사람들이 선망하는 직업일 뿐만 아니라 사회적 영향력도 크다. 평생 신문에 이름 한번 나오기가 힘든데 나는 조선일보 지면 1면에 기사를 냈다. 내 이름으로 출고한 온라인 기사도 많다. 기자라는 이름을 가져 봤다는 것은 누가 봐도 부러워할 수밖에 없다.

신의 직장이라는 대학교 정규직 교직원을 해 본 것은 나쁜 의미에서 행운이었다. 교직원을 경험한 뒤 이 세상에 좋은 직장은 없다는 것을 확실히 알게 됐기 때문이다. 업무 강도가 낮고 시간이 많으면 뭐 하나. 하루 종일 감정싸움을 한다. 누가 더 잘났는지, 누가 더 이익인지 매일 계산하고 싸운다. 업무가 널널하니 벌어지는 현상이다.

출근한 팀장들은 아침부터 사무실에서 라면을 끓여 먹고, 오늘 점심은 어디서 먹어야 잘 먹었다는 소리를 들을까 고민한다. 일을 잘하려 노력하는 것이 아니라 누가 업무 중 실수를 하면 그것으로 자신이 일을 못하는 것을 위안한다. 월급도 너무나 적다. 교직원으로 일하고 나서 신의 직장이라는 환상은 완전히 깨졌다. 그리고 더이상 좋은 직장 찾기를 그만두었다.

현재 나는 경제적 사정으로 낮에는 알바를 하고 있다. 이러한 상황 또한 만족스럽다. 알바는 중학교를 졸업한 사람이면 누구나 할 수 있을 정도로 업무가 쉽고, 경쟁도 없다. 사람이 들어오고 나가는 일이 빈번하게 일어나기 때문에 기본적으로 회사에 대한 끈끈한 감정이 없다. 이 때문에 알바 구성원끼리 크게 신경 쓰지 않는다. 감정싸움을 할 일이 없는 것이다.

문제는 돈과 자괴감이다. 퇴직금은 주지만 기본적으로 알바 월급이 너무 적다. 또한 노동에서 자부심을 느끼지 못한다. 알바라는 현실에 자괴감을 느끼는 것이다. 하지만 이러한 자괴감은 오히려 글쓰기를 열심히 하게 만드는 원동력이 된다. 또한 기자는 너무 바쁘고 교직원은 감정싸움이 많았다는 점에서 '이 세상에 좋은 직장은 없다'는 생각이 자괴감을 극복하게 한다.

돌아보면 좋은 것도, 나쁜 것도 없는 것이 삶인 듯하다. 아무리 좋아 보여도 단점은 있고 아무리 나빠 보여도 그 속에서 또 긍정적인 면을 발견할 수 있다. 오늘 알바를 하면서 시간이 많이 나면 사무실에서 책을 읽고 글을 쓰면 된다. 반대로 알바 일이 많으면 시간이 빨리 가서 좋은 것이다.

중요한 것은 나의 하루를, 매시간 매초를 하나님께서 결정하신다는 사실이다. 나를 사랑하는 하나님께서 나에게 가장 좋은 것으로, 나의 현 상황에서 가장 필요한 것으로 채워 주신다. 당장 좋은 일이 생기든, 나쁜 일이 생기든 내 삶은 그 자체로 완벽할 수밖에 없는 이유다. 행운도 불행도 없다.

* **참고 자료**

현진건, 『운수 좋은 날』, 새움, 2020.

아포리즘

#1. "생각이 곧 그 사람이다." 강의실에 앉아 있어도 딴 생각에 사로잡혀 있다면 강의를 듣는 학생이라고 말할 수 없다. 교회 예배시간에 저녁 메뉴를 생각하거나 쇼핑 리스트를 고민하고 있다면 예배를 드리는 성도가 아니다. 마찬가지로 알바를 위해 사무실로 출근하지만 책상에 앉아 책을 읽고 글을 쓴다면 나는 알바가 아니라 작가가 되는 것이다. 더 좋은 것은 그렇게 사무실 책상에서 책을 읽는 동안 월급이 쌓인다는 것이다. 마치 알바가 '작가 복지 프로그램'인 것 같기도 하다. 중요한 것은 생각이 그 사람의 정체성을 규정한다는 것이다. 같은 공간에 있지만 다른 세상을 산다.

#2. "행복은 내면에 있다." 나를 둘러싸고 있는 모든 환경은 변화하고 불확실하다. 그러므로 외적인 것을 근거로 행복을 찾을 수는 없다. 돈과 명예가 행복의 필요조건은 아닌 것이다. 오히려 내면이 밝고 긍정적인 사람이 행복을 누린다. 나는 세상을 볼

때 좋음도 나쁨도 없다고 생각한다. 모든 사건은 나를 사랑하시는 하나님의 완벽한 계획이기 때문이다. 좋은 일이 생기면 좋게 여기면 되고, 나쁜 일이 생기면 사랑의 하나님께서 나에게 이런 일을 허락하신 이유가 있을 것이라 믿으면 된다. 모든 일은 합력하여 선을 이룰 것이기 때문이다. 더욱이 하나님의 사랑에서 나를 끊어 낼 수 있는 것은 아무것도 없다.

#3. "오직 현재만이 가치 있다." 과거도 미래도 아닌 지금 이 순간에만 가치가 있다. 휴대전화 캘린더 앱을 사용해 1년 치 일정을 적어 놓으면 시간이 빨리 갔으면 좋겠다는 생각이 든다. 다음 달에 있을 호텔에서의 생일잔치, 3달 뒤 제주도 여행과 같은 일이 빨리 다가오기를 학수고대하는 것이다. 그렇게 생각하면 현재의 삶이 초조하고 지루해질 수밖에 없다. 그러나 중요한 것은 지금 이 순간이다. 현재를 성실하고 가치 있게 만들어야 한다. 미래를 기다리며 현재를 지루함에 내어 주어서는 안되고, 과거를 생각하며 과거의 영광을 그리워하거나 죄책감 속에서 현재를 낭비해서도 안된다. 지금 이 순간 '나는 최선을 다하고 있는가?', '성실하게 살고 있는가?', '가치 있게 시간을 쓰고 있는가?' 항상 물어야 한다. 지금 이 순간 행복할 수 없다면 영원히 행복은 없다.

#4. "죽음을 기억해야 한다." 무엇이 가치 있는 삶인지는 당장 내가 죽을 것을 가정하면 선명해진다. 가치 있는 삶을 살고

있는지에 대한 해답은 죽음에 있는 것이다. 죽음을 생각하면 평소에는 당연하다고 생각했던 아주 사소한 것에도 감사하게 된다. 햇볕과 바람, 나무와 꽃 등 자연이 아름답게 보이고, 이를 누릴 수 있는 것에 행복을 느낀다. 또한 죽음을 생각할 때 가족, 사랑, 용서가 가장 가치 있는 것이며 돈이나 명예는 쓸데없는 것으로 간주된다. 만약 내가 오늘 죽는다면 나는 지금 무엇을 해야 할까? 오직 사랑이 답이다.

* 참고 자료
아르투어 쇼펜하우어, 『쇼펜하우어의 인생 수업』, 이상희 번역·강현규 엮음, 메이트북스, 2023.

이 모양이 꼴

　베스트셀러 작가가 되고 싶지는 않다. 물론 가능성은 희박하지만 말이다. 나는 유명세가 싫다. 수많은 사람들의 눈을 의식해야 하는 삶이 얼마나 괴롭겠는가. 베스트셀러 작가가 된다면 많은 사람들이 선망의 대상으로 여길 텐데 이는 엄청나게 부담스러운 일이 될 것이다. '내가 정말 사람들이 생각하는 것처럼 존경을 받아야 할 사람일까' 하는 의문이 들 것은 당연하다. 동시에 나의 글을 싫어하는 사람도 많이 생길 것이다. 글을 쓸 때마다 비난의 말을 들어야 하고 평가를 받아야 할 텐데 얼마나 기분이 상하고 짜증 나겠는가. 얼굴이 알려지면 어디 가서 담배꽁초 하나 마음대로 못 버릴 것이다. 이런 삶이 좋을 리 없다. 지금 이대로 나를 글 쓰는 사람이라고 몇몇 지인들만 알면 충분하다.
　또한 일을 하지만 중요한 직책을 맡고 싶지 않다. 높은 지위에 오른다는 것은 그만큼 책임질 일이 많고 책임의 무게가 무겁다는 것을 의미한다. 돈은 많이 받겠지만, 퇴근을 해서도 직장일 때문에 불안하고 걱정하는 삶이 싫다. 기사를 쓰고 출고한 뒤에도 혹시 숫자가 틀린 것은 아닌지, 팩트에 문제는 없는지, 맞춤법은 제대로 된 것인지 계속 걱정하는 삶이 싫었다. 기자의 삶은 항상 초조한 것이다. 알바 하는 곳에서도 나는 절대로 남들보다 책임 있는 위치에 가지 않을 것이다. 좀 틀려도 되고, 대충 해도 문제가 없는 일반 알바 직원이 딱이다. 돈은 적게 받아도 마음고생은 하지 않기 때문이다. 어차피 하기 싫은 일, 월급만 받으면 그만인데 알바 업무에 크게 신경 쓰고 싶지 않다.

결혼도 마찬가지다. 좋은 사람이 있다면 만나는 것에 문제는 없겠지만 결혼은 차원이 다르다. 가장으로서 생계를 책임져야 하고, 아이들이 생긴다면 생명을 책임져야 할 텐데 엄두가 나지 않는다. 많지는 않아도 돈이야 어떻게든 마련할 수 있겠지만 매일 가정을 책임지며 살아야 하는 삶이 얼마나 힘들겠는가. 더욱이 나 혼자의 삶을 책임지는 것도 버거운데 가족을 거느린다는 것은 생각만 해도 힘든 일이다. 결혼하면 사고 싶은 것도 살 수 없을 것이고, 먹고 싶은 것도 못 먹을 것이다. 매일 절약해야 하고 절제해야 할 텐데 이러한 삶을 감당할 자신이 없다. 아내와 아이들을 위해 희생하는 삶을 살아가기에는 아직 준비가 안된 것 같다.

책임지지 않으려는 삶이 편한 동시에 그럼으로써 잃는 것도 많다. 유명해질 일도 없고, 존경의 대상이 되지도 못한다. 가족과 몇몇 지인을 빼고는 다른 사람들은 모두 나를 알바 하는 사람으로 여길 것이다. 큰 변화가 없다면 결혼도 하지 않을 것이다. 하지만 이렇게 사는 삶이 좋다. 책임질 일이 없는 삶, 그럼으로써 자유로운 삶이 너무 편하다. 나는 이 모양 이 꼴에 만족한다. 어디를 가도 꿀리지 않는다.

로이 삼촌

　아기를 키운다는 것은 어떤 느낌일까? 결혼은 부럽지 않지만 자신을 닮은 아기가 있다는 것은 부럽다. 아기를 낳으면 우는 아기 때문에 몇 년은 밤에 잠도 못 자고 힘들다고 한다. 어떨 때는 너무 힘들어서 아기를 침대에 내팽개치고 싶다고도 한다. 그만큼 아기를 키우는 일은 힘든 일이라는 것이다. 육아 때문에 부부 싸움을 하고 이혼까지 하는 일도 있다고 하니 보통 일이 아닌 것은 분명해 보인다.
　그럼에도 아기가 웃으며 바라볼 때, 천사 같은 아기가 옹알이를 하며 안길 때의 기분은 상상도 하지 못할 만큼 좋을 것이다. 나는 아기가 없지만 두 돌을 앞두고 있는 조카가 있다. 동생이 조카를 데리고 우리집에 놀러 오는데 그때 아기가 어떤 기쁨을 주는지 조금은 느낄 수 있다. 앉아 있는 나에게 과자 봉지를 가져다 주면서 과자를 꺼내 달라고 할 때 얼마나 귀여운지 모르겠다. 또 양말을 벗겨 달라며 내 팔을 붙잡고 양말 위에 가져다 놓는다. 그

조그마한 아기가 내 손을 잡을 때는 정말 기특하고 예쁘다.

처음에는 나를 봐도 웃지도 않고 내가 누군지도 모르던 조카가 어느 날 옹알이를 하며 "삼추운~"이라고 할 때는 정말 날아갈 듯 기쁜 마음이 들었다. 내가 두 팔을 벌려 안으려고 하면 달아나기 바빴던 요 녀석이 이제는 내 가슴에 덥석 안긴다. 조카를 안고 "사랑해"라고 말하면 조카도 "응~" 하고 대답한다. 한번은 식당에서 밥을 같이 먹고 헤어지면서 "오늘 너 덕분에 행복했어. 행복하게 해 줘서 고마워."라고 했더니 또 "응~" 하고 웃으며 답한다. 조카의 눈짓, 옹알이 등 말과 행동 하나하나가 기쁨이고 즐거움이다.

아기를 본다는 것은 아이의 생각을 상상하며 따라가는 것이다. 무엇이 하고 싶은지, 먹고 싶은 것은 없는지, 불편한 것은 없는지, 즐거워한다면 무엇 때문에 즐거워하고 있는지 등등 아기의 일거수일투족을 하나도 빼놓지 않고 관찰하는 것이다. 아기를 보며 순수한 마음과 행동에 빠져든다. 나도 모르게 그 순수함에 동화된다. 가슴이 따뜻해지고 기분이 좋다. 아무런 때가 묻지 않은 존재인 순수성을 가진 아기와 감정을 공유한다는 것, 이 때문에 나도 순수한 사랑을 느낄 수 있다는 것. 그래서 아기를 낳아 키우는 것인지도 모르겠다.

누군가와 만난다는 것도 마찬가지일 것이다. 만남이란 상대방의 말과 행동을 통해 서로의 심리상태를 상상하며 마음을 공유하는 행위다. 그러므로 우울하고 어두운 사람을 만나면 나도 우울해지고, 밝고 긍정적인 사람을 만나면 나도 신이 나고 웃음 짓게 된다. 나를 만나는 사람들은 나에게서 어떤 느낌을 받을까? 만났을 때 기분 좋은 사람이 되려면 우선 내 마음이 순수하고 기뻐야 한다. 아기와 같은 마음을 갖고 싶다.

* **참고 자료**
주요섭, 『사랑 손님과 어머니 외』, 범우사, 2004.

여행

　강릉역으로 가는 KTX 특실에 탄다(돈이 많아서가 아니라 뚱뚱하기 때문이다). 강릉역에서 내려 택시로 경포 해변 입구에 도착한다. 우선 경포 해변으로 걸어가 바다를 가장 먼저 본다. 파도 소리를 들으며 드디어 여행을 왔다는 만족감을 느낀다. 바닷가에 오래 있을 필요는 없다. 20분 정도면 충분하다. 그렇게 홀가분한 기분을 한껏 느끼고 스카이베이 호텔 경포 객실에 짐을 푼다.
　객실 안에서는 미리 준비한 러쉬 입욕제를 욕조에 넣고, 테이블에 커피와 시가(Davidoff Entreacto, 내가 아는 유일한 시가다)를 준비한다. 욕조에 몸을 담그고 시가를 피우며 커피를 홀짝인다. 방 안에 냄새가 밸 수 있으니 창문은 모두 열어 놓아야 한다. 그렇게 꿀맛 같은 목욕을 즐기고 나서 노트북을 들고 호텔 1층 쉘카페로 내려간다. 이제부터 여행을 온 목적이 시작된다.
　내 삶의 우선순위는 총 8개로 나뉘어 있다. 신앙이 첫 번째고 둘째는 가족이다. 셋째는 건강, 다음은 돈이다. 다섯째와 여섯째는 책 쓰기와 유튜브 촬영이다. 일곱 번째는 친구 등 인간관계이고 마지막은 기타 취미다. 이렇게 8개 분야로 내 삶의 목표를 세분하고 항목별로 세부 목표, 현재 상황 진단, 목표를 이루기 위한 액션 플랜(Action Plan) 순으로 구체적인 내용을 노트북으로 채워 나간다.

예를 들면 첫 번째 신앙 항목의 세부 목표는 진짜 크리스천으로의 삶 살기다. 현재 상황을 진단해 보면 신앙에 대한 의문점이 많고, 기도와 성경공부 시간이 부족하다는 것이다. 목표를 이루기 위한 액션 플랜은 신앙에 의문점이 생길 때마다 목사님으로 계시는 선배들에게 묻고, 책을 추천받는 것이다. 또한 아침 출근하는 지하철에서 매일 QT와 기도를 하기로 한다. 그리고 퇴근 후에는 엄마와 함께 꼭 성경을 1장씩 읽고, 신앙 서적도 1주일에 1권은 읽기로 한다. 이렇게 총 8개 항목별로 내용을 생각하며 작성한다.

계획표를 완성해야 여행을 온 목적을 달성한 것이다. 계획은 상황에 맞게 계속 수정해 나간다. 궁극적인 목표를 변경하지는 않으나 실천 방법은 가장 적합한 것을 찾아 나가는 것이다. 계획표를 완성해야 마음이 놓인다. 내 삶의 우선순위는 무엇인지, 삶의 목표들을 어떻게 달성해 나갈 것인지 고민하고 실천해야 제대로 살고 있다는 느낌을 받는 것이다. 계획표가 없으면 불안하다. 삶의 방향을 잃어버린 것 같아 한없는 불안에 휩싸인다. 꼭 여행을 가서가 아니라도 삶이 흐트러졌다고 느낄 때는 수시로 계획표를 짜야 직성이 풀린다.

계획표를 만들어 놓고 살아가는 것이 맞는 방법이라고 확신할 수는 없다. 큰 목표들을 설정해 놓고 그때그때 상황에 맞게 살아가는 사람들도 있다. 하지만 나는 내 삶의 24시간이 내가 짜 놓은 계획표 아래 있어야 마음이 놓이는 사람이다. 물론 계획대로 살지 못할 때도 많다. 계획표를 만드는 행위를 통해 마치 내 삶이 계획대로 되고 있다는 착각과 자기만족을 하는 것은 아닌지 모르겠다. 불확실하고 불안한 삶을 극복하기 위한 궁여지책인 셈이다.

호텔에서 하룻밤을 묵은 후 짐을 챙겨 아침 일찍 해변으로 나간다. 해변에서 시가를 한 대 피우며 해돋이를 본다. 이후 강릉 커피 거리로 향한다. 모닝커피를 즐기며 내 삶에 대해 다시 생각해 본다. '내 삶은 계획대로 되고 있는가?' 자문하며 어젯밤에 작성한 계획표를 꼼꼼하게 살핀다. 점심은 무엇을 먹을까. 택시 기사 아저씨가 '이만구교동짬뽕'을 추천해 주셨다. 짬뽕은 계획에 없었는데….

아빠

아버지는 성공한 분이셨다. 무일푼으로 서울에 올라와 막노동을 시작하셨다. 증조할머니께서 막노동판에 찾아와 인부들에게 식사를 만들어 주셨다고 한다. 그래서인지 아빠는 돌아가신 증조할머니를 애틋하게 생각하며 자주 그리워하셨다.

아빠는 돈을 모으기 위해 사우디 건설 현장에도 다녀오셨다. 작은 아버지도 시간 차는 있지만 사우디에 가셨었다. 작은 아버지는 다른 공사장에서 일하는 아빠를 찾아가 만났는데 그때 아빠가 바나나를 주셨다고 했다. 지금도 바나나를 보면 형 생각이 난다며 눈물을 흘리신다.

사우디에서 돌아온 아빠는 목수 일을 하셨다. 아빠의 오른 손바닥에는 목수 때 사고를 당해 동그랗게 움푹 팬 흉터가 있다. 옹달샘 물을 떠먹기 위한 흉터라며 우스갯소리를 하시지만 그 상처가 얼마나 아팠을지 나는 알 수 없다.

이후 아빠는 건물을 짓기 시작하셨다. 빌라, 모텔 등을 주로 건축하셨다. 건축 경기가 활기를 띠면 007가방에 현금을 가득 채워 집에 들어 오시기도 했다. 우리는 아파트로 이사를 갔고, 외제차는 아니지만 체어맨을 타고 다녔다. 내가 고등학생 때였는데 나의 용돈은 항상 풍족했다. 온 가족이 유럽 4개국 패키지 여행을 다녀오기도 했다.

아빠는 자주 태종 이방원 얘기를 하셨다. 세종대왕이 훌륭한 업적을 남길 수 있었던 것은 아버지였던 이방원이 숙적을 모두 제거했기 때문이라고. 아빠는 나의 이방원이 되겠다고 하셨다. 싸움은 내가 할 테니 너는 공부만 열심히 하라고 말씀하셨다. 아빠는 고등학교도 제대로 다니지 못했다면서 너는 공부해서 꼭 성공해야 한다고 말씀하셨다.

돌아가시기 직전 아빠는 기관 삽관을 하고 계셨기 때문에 말씀을 하지 못했다. 호스가 빠지지 않자 아빠는 온 힘을 다해 몸을 흔드셨다. '나 아직 살아 있다'라는 표시였을까? 아니면 '너의 말을 다 듣고 있다'라는 의미였을까? 나는 아빠의 마지막 몸부림을 잊을 수 없다.

나는 아빠에게 어떤 사람이었을까? 아빠가 말씀하신 대로 나는 세종대왕처럼 아무 걱정 없이 공부해서 기자가 될 수 있었다. 아빠는 매일 내 기사를 찾아 스크랩하셨다. 내가 기자를 그만두었어도 아빠는 "그래도 네가 기자를 한 것은 내가 인정한다"고 말씀하셨다.

비록 경제적 어려움 때문에 알바를 하고 있지만 이래 봬도 나는 전직 기자 출신 작가다. 아빠는 나의 첫 책 출간을 못 보고 돌아가셨다. 아빠에게 말씀드리고 싶다. 모두 아빠 덕분이라고. "아빠! 나 이제 작가예요!"라고.

*** 참고 자료**
하근찬, 『하근찬 전집 1: 수난이대』, 산지니, 2021.

멍멍탕

애완동물이 싫다. 우선 냄새가 가장 싫다. 개나 고양이를 기르는 집을 방문하면 확실히 불쾌한 냄새가 난다. 똥과 오줌을 집 안에서 해결하니 당연한 결과다. 털이 날리는 것도 너무 싫다. 애완동물을 키우지 않는 현실적인 이유도 있다. 사룟값, 미용, 병원비 등 강아지 한 마리를 키우는 데 드는 비용이 만만치 않기 때문이다.

집 앞에 개인 카페가 새로 생겼는데 애완동물을 데리고 오면 할인을 해 준다. 카페 주인도 가게에서 개를 키우고 있다. 주문이 들어오면 개를 만지다 말고 커피를 만든다. 너무 불결해서 한 번 가고 다시는 가지 않는다. 손이야 씻으면 되지 않느냐는 생각도 할 수 있지만 그래도 무엇인가 찝찝한 기분이 든다.

얼마 전 개 식용 금지법이 통과됐다. 찬성하는 입장에서는 사육시설에서 키우는 개의 열악한 상황을 얘기하며 동물 복지 차원에서라도 개 식용을 금지해야 한다고 말한다. 또 개고기를 거부하는 사람들의 수도 개고기 찬성보다 훨씬 많다는 것을 근거로 내세운다. 반면 개 식용 금지법에 반대하는 사람들은 개는 인류 최초의 가축이며 개고기를 유통하는 사람들의 생존권이 달린 문제라고 주장한다.

나는 개고기를 먹는 것에 찬성한다. 사육, 도축 과정이 잘못됐다면 이를 바로잡는 법을 통과시켜 안전하고 깨끗한 개고기를 먹을 수 있도록 해야 한다. 개고기 자체를 금지하는 것은 아무리 생각해도 근거가 없어 보인다. 음식은 하나의 문화다. 조선시대에도 보편적으로 먹던 개고기를 이제 와서 금지해야 할 이유는 없다. 닭, 돼지, 소 등은 마음껏 먹으면서 왜 개만 안된다는 것인지 모르겠다.

그렇다고 내가 개고기를 즐겨 먹는 것은 아니다. 가장 큰 이유는 개고기가 돼지나 소보다 더 맛있지가 않기 때문이다. 개고기가 다른 고기보다 맛있고 영양도 풍부하다면 사 먹지 않을 이유가 없지만 굳이 개고기를 먹어야 할 필요를 느끼지 않는다. 그러나 개고기가 다른 동물보다 맛있다고 느끼는 사람들도 있을 것이다. 개고기 금지법은 이런 사람들의 행복 추구권을 제한하는 것이다.

세계 여러 나라들은 모두 고유의 음식문화가 있다. 중국에서는 원숭이 뇌도 먹는다. 쥐도 먹고, 곰 발바닥도 먹는다. 푸아그라, 새끼 돼지 바비큐, 개구리 다리, 달팽이 등은 서양의 음식 문화다. 개를 먹는 것이 야만적으로 느껴지고, 서양의 눈치를 보는 것이라면 이는 일종의 사대주의라고 할 수 있다. 모든 나라의 음식 문화는 고유한 것으로 인정받아야 한다. 개만 특별할 이유가 없다는 얘기다. 어떤 음식이든 '개맛있으면' 그만이다.

*** 참고 자료**
에드거 앨런 포, 『검은 고양이』, 박영원 번역, 새움, 2023.

레디메이드

    2년 가까이 되는 시간 동안 어느 언론사에서도 나를 받아 주지 않았다. 신문사, 방송사 등 여러 언론사에 입사지원을 했지만 서류 탈락이거나 논술 시험에서 낙방했다. 하지만 이제 포기해야 하나 싶었을 때 결국 논술, 작문 시험과 면접을 통과해 기자가 될 수 있었다.

    퇴직 후 기자, 교직원 경력으로도 나를 받아 주는 곳은 없었다. 나는 신문사 편집 기자가 되고 싶었다. 기사를 지면에 배치하고 제목을 다는 일을 하는 내근직이다. 하지만 워낙 채용공고가 나오지 않는 직종이고 나이도 많았기 때문인지 서류 합격 연락조차 받지 못했다. 나이는 먹어 가고 돈은 없고. 결국 선택한 것이 알바였다. 이후 나는 20개가 넘는 알바를 했다.

    만약 편집 기자가 됐다면 강도 높은 업무와 늦은 퇴근 시간 때문에 괴로웠을 것이다. 책을 내고 작가로 활동하기에는 알바를 하는 것이 오히려 좋은 선택이 됐다. 업무 중 자유로운 시간

1. 삶의 비평

이 많고 퇴근도 빠르기 때문에 작가 활동을 하는 데 적합하다. 무엇보다 직장 스트레스가 없기 때문에 정신적으로도 지치지 않고 마음껏 글을 쓸 수 있다.

가끔 내가 알바를 하고 있는 것이 나에게도, 회사에도 얼마나 큰 낭비인가 하는 생각이 든다. 글쓰기 등 텍스트와 관련된 일을 하면 내 능력을 발휘할 수 있기에 나도 좋고 회사도 좋을 것이다. 하지만 내가 현재 하고 있는 알바는 단순 반복 업무다. 하루 종일 Ctrl C, Ctrl V만 하면 된다. 업무가 쉬워서 좋기도 하지만 하루에도 몇 번씩 찾아오는 자괴감은 어쩔 수가 없다.

대학을 졸업하고 취직을 준비하는 청년들에게 취업이 안되면 알바를 하라고 자신 있게 말하지는 못하겠다. 나도 취준생 생활을 꽤 오래 했기 때문에 그 마음을 누구보다 잘 알고 있다. 끝까지 포기하지 말고 원하는 직장에 취업하기 위해 노력하라는 말을 해 주고 싶다. 그리고 시간과 돈의 한계를 느끼면 그때는 과감히 포기하고 자신에게 맞는 알바를 찾아보라고 말하고 싶다. 알바를 하려고 해도 용기가 필요하다. 알바를 하더라도 정체성과 자존감을 잃어서는 안 되는 것이다. 또한 알바도 종류가 많다. 신중히 찾아야 한다.

자신이 하고 싶은 일, 꿈꾸는 일을 할 수 있다면 그보다 좋은 것은 없을 것이다. 그러나 막상 자신이 꿈꾸던 직장에 입사했어도 실상은 많이 다를 수 있다. 기자로 일할 때 나만 빼고 팀장님을 포함해 팀원 전체가 서울대 출신이었다. 기업 비리 관련 기사를 주로 찾아 다니던 나에게 어느 날 팀장님은 "왜 기자가 되고 싶었냐"고 물으셨다. 나는 세상을 바꾸고 싶어서였다고 대답했다. 그러자 팀장님은 "네가 쓴 기사를 내면 다 죽는다. 기자를 왜 하느냐?"고 반문하셨다. 기자가 아니라 정치를 했어야 한다는 것이었다. 꿈과 실상은 다를 수 있다. 나와 같은 '레디메이드(Ready-made)'들이여, 오늘도 파이팅!

* **참고 자료**
채만식, 『레디메이드 인생』, 애플북스, 2014.

벌레

　돈이 싫다. 에리히 프롬은 『소유냐 존재냐』에서 소유로 자신을 드러내는 삶이 아니라 존재 자체로 자신을 규정해야 한다고 말했다. 『소유냐 존재냐』는 대학 신입생 시절 내가 가장 감명 깊게 읽은 책이었다. 소유가 아닌 존재적 삶을 갈망했었다. 명품으로 자신을 치장하고, 외제차를 타고 다니고, 강남의 고급 아파트에 사는 사람들을 부러워할 것이 아니라 자신의 존재를 알고 진실되고 자신감 있게 살아가는 것이 중요하다고 믿어 왔다.

　그러나 길을 다니다가 슈퍼카(특히 포르쉐 911 카레라)를 보면 꼭 그날은 로또를 산다. 집안 잔치가 있는 날에는 최고급 호텔 레스토랑을 알아보고, 나 혼자 여행을 가도 꼭 호텔을 잡아야 한다. KTX를 탈 때는 특실만 탄다. 돈을 싫어하는 것이 아니라 돈이 없는 나의 모습, 돈을 벌 수 없는 나의 능력이 싫은 것이다. 가난한 나의 삶을 소유가 아닌 존재를 드러내는 삶을 살아야 한다고 자기합리화한 것일 뿐이다.

명예도 그렇다. 나는 왜 글을 쓰고, 책을 냈으며 작가가 되었는가. 알바로 돈을 벌고 있는 나의 현실을 부정하기 위함이다. 나는 죽어도 알바로 살 수는 없다는 자존심이 작동한 것이었다. 사회적 지위는 더 이상 나와 관련이 없다고 여기며 알바를 하고 있지만 속으로는 알바를 경멸하고 있다. 나는 더 높은 곳, 전직 기자 출신 작가라는 감투가 필요한 것이다.

여자도 마찬가지다. 지금까지 많지는 않지만 몇 번의 연애를 해 봤고 이제는 이성과 관계를 맺는 것이 싫다고 말한다. 사랑을 해서 좋은 만큼 고통도 따르기에 이제는 고통이 싫어 여자가 싫다고 얘기한다. 하지만 이것도 나의 열등감의 표현인 것은 아닐까. 결혼이 싫기도 하지만 어떤 것인지 궁금하기도 하다. 결혼한 친구들의 말을 들어 보면 자유로운 영혼으로 남으라는 말을 더 많이 한다. 아기를 낳는 것은 좋지만 결혼은 좋지 않다고 말하는 친구도 있었다. 당장 결혼을 할 수 없는 형편은 아니지만 풍족하게 생활할 수도 없는 상황이 싫어 결혼을 피하고 있는 것은 아닐까. 경제적 능력이 부족한 현실을 탓하며 책임을 회피하고 있는 것이다.

돈, 명예, 여자. 이 세 가지는 어디에서도 추구하라고 말하지 않는다. 교회에서는 물론이고 모든 문학작품, 학교에서도 그렇다. 하지만 솔직히 우리는 이 모두를 갈망하며 살아간다. 나보다 더 좋은 것을 가진 사람을 보면 부러워하고 시기와 질투심을 느낀다. 소유가 아닌 존재적 삶을 더 가치 있게 여기고, 신앙을 통해 나는 진실한 사람이기에 돈과 명예, 여자보다 하나님이 더 중요하다고 스스로 믿는 것은 자기방어에 불과하지 않을까. 나는 돈이 너무나 좋고, 높은 명예를 갖고 싶으며 예쁜 여자를 만나고 싶다. 내가 갖지 못했을 뿐이다. 나는 벌레였다.

* **참고 자료**
현진건, 『빈처(貧妻)』, 한국저작권위원회, 2017.
현진건, 『B사감과 러브레터』, 한국저작권위원회, 2017.

담배

나는 흡연을 하지만 담배 냄새를 싫어한다. 담배 피우는 사람이 내뿜는 연기를 들이 마시면 냄새도 싫지만 기분까지 나쁘다. 누군가 한 번 마셨던 연기를 내가 다시 흡입한다는 생각에 불쾌한 감정이 드는 것이다. 간접흡연에 따른 건강이 염려되는 것은 물론이다. 꼭 담배를 피울 때만 냄새가 싫은 것이 아니다. 담배를 다 피운 사람에게 남아 있는 담배 전 내 역시 구역질이 날 정도로 싫다. 또한 담배를 피우면서 뱉어 내는 침을 보면 더러워서 어떻게 해야 할지를 모르겠다.

하지만 내가 담배를 피울 때는 담배 연기가 너무나 달고 맛있다. 담배를 한 모금 빨고 다시 내뱉을 때 스트레스도 같이 날아간다. 특히 고민거리가 있을 때 담배는 생각을 정리하고 답을 찾아 주는 역할을 한다. 내가 피우는 담배는 역하지 않다. 가끔 침도 뱉지만 이는 어쩔 수 없는 생리 작용이다. 입에 무엇인가를 물고 있으면 침이 고이는 것은 어쩔 수 없고, 이를 자연스럽게 뱉어 내야 하는 것이다. 남의 담배 연기, 냄새, 침은 더러워도 내가 피우는 담배는 깨끗하기만 하다.

　나의 삶은 어쩌면 담배와 같은 이중성으로 점철된 듯 하다. 남의 행동은 한없이 이기적으로 보이고, 나쁘게 생각되지만 내가 하는 행동은 정당하고 당연한 것이다. 남이 나에게 피해를 주면 기분 나쁘고 짜증을 내지만, 내가 남을 기분 나쁘게 하는 행동은 내가 편하기 위해 어쩔 수 없는 일이다. 어떤 행동을 할 때 남에게 피해를 주지는 않을까 생각하면서도 내 이익이 걸린 문제라면 다른 사람이 기분 나빠도 내 마음대로 행동해야만 한다. 남에게 피해를 주지 않으려는 생각조차도 '내가 너에게 피해를 주지 않으니 너도 나에게 피해를 주지 말라'는 의도에서 비롯되는 것이다.

　조금이라도 손해 볼 수 없다는 생각을 갖고 살아가는 삶은 괴롭다. 너그럽게 상대방을 이해하고 조금 손해 봐도 웃으며 넘기고 싶다. 그러나 세상은 사람을 악하게 만든다. 경쟁 구도에서 벗어나려고 하면 온갖 질투를 일으켜 기어코 경쟁 속으로 밀어 넣는다. 치사하고 더럽다는 생각이 들 정도로 남들과 비교하고 사람을 못살게 구는 것이 현실이고 세상이다. 경쟁에는 끝이 없다. 나보다 못 가진 사람은 시기와 질투로 나를 괴롭히고, 나보다 많이 가진 사람은 자존심을 건드린다. 답답한 세상, 담배나 한 대 피우러 가야겠다. 어쩔 수 없다. 냄새 때문에 내 옆 사람이 괴롭더라도….

* **참고 자료**

아쿠타가와 류노스케, 『라쇼몽』, 김영식 번역, 문예출판사, 2008.

외투

 헌 것이 없다. 내가 가진 물건은 모두 새것이다. 휴대전화는 아이폰15 프로이고, 노트북도 300만 원 가까이 되는 맥북 프로다. 백팩은 구찌다. 나의 보물 3가지 모두 최신형, 최고급이다. 사고 싶은 것은 모두 샀다. 나는 더 이상 갖고 싶은 물건이 없다(알바를 하는 나의 소득수준의 눈높이에서는 이 정도면 충분하다). 크지는 않지만 내 명의로 된 집도 있고, 자유롭게 몰고 나갈 수 있는 차도 있다. 유일하게 사지 못한 것은 슈퍼카뿐이다.
 아쉬울 것 또한 없다. 첫 직장으로 기자를 경험하면서 내가 상대한 사람들은 대부분 고위직이었다. 이재용, 신동빈, 김승연, 현정은 등 대기업 회장들과 말을 섞고 취재했다. 대기업 부장 등 고위 임원에게 언제든 전화를 걸 수 있었다. 정운찬 전 총리와 악수를 하고 같이 밥을 먹었고, 오세훈 시장과 기자 간담회도 했다. 국회의원실에 전화를 걸어 취재하기도 했다. 대기업 일반 직원이나 말단 공무원은 상대할 일이 없었다. 50대 이상 어른들이 나에게 먼저 인사를 했고, 좋은 기사를 부탁한다며 밥을 샀다.

최고로 편한 직장이라는 환상에 빠져 대학교 정규직 교직원도 경험했다. 물론 현실은 박봉에 시달리는 회사원이었을 뿐이었지만….

그러나 이제는 책을 출간한 작가가 되었다. 다음 책을 준비하는 과정도 순조롭게 진행되고 있다. 기자-교직원-작가로 이어지는 내 커리어는 개인적으로 완벽하다고 생각한다.

그러나 내 삶은 허무하다. 왜 나에게는 낡았지만 소중한 것이 없을까. 남이 보기에는 보잘것없지만 나에게는 그 무엇보다 중요하게 여길 수 있는 것이 없다. 돈을 착실히 모으고, 절약도 열심히 하는 진실한 삶의 태도가 보이지 않는다. 조그마한 것에 감동받을 줄도 알고, 아주 사소한 것에 감사할 수 있어야 할 텐데 나에게는 그런 것이 없다. 눈물 나게 애틋하고 뜨거운 간절함이 내 삶에는 없는 것이다. 초라하고 낡았지만 무엇보다 소중한 것을 갖고 싶다. '아까끼의 외투'가 필요하다.

* **참고 자료**
니콜라이 고골, 『외투』, 조주관 번역, 민음사, 2017.

너구리

　롯데호텔서울 '무궁화'. 엄마 칠순을 맞아 호텔 레스토랑을 예약했다. 1인당 17만 원~20만 원이 넘는 금액이라 부담스러웠지만 그래도 칠순 잔치는 그냥 넘길 수 없다는 생각이 들었다. 3달 전에 예약을 해 놓고 날짜를 기다렸다. 그런데 날짜가 다가올수록 우울한 마음과 회의감이 들었다. 알바를 하고 있는 처지에 호텔 레스토랑이 맞는 걸까, 그냥 근처 일반 식당에서 밥을 먹고 용돈을 더 많이 드리는 것이 낫지 않을까, 호텔이 뭐 별거 있나 등 온갖 생각이 들었다.

　그러나 엄마 생신 당일 호텔에 도착하자 그런 생각은 말끔히 사라졌다. 깔끔하고 웅장한 호텔 인테리어는 보기만 해도 기분이 좋았고, 친절하게 응대하는 직원들 때문에 어깨가 으쓱해졌다. 레스토랑에 들어가자 여직원이 내 패딩을 걸어 주겠다고 했고, 나는 조금은 거드름을 피우며 "아닙니다. 제가 걸게요."라고 답했다. 누군가 나의 시중을 들어주는 기분이 나쁘지 않았다. 예쁘게 플레이팅 된 음식은 보기만 해도 만족스러웠고, 엄마 칠순 잔치는 조카의 재롱 덕에 웃음꽃이 피었다. 역시 오길 잘했다.

3개월마다 만나는 대학 동기가 있다. 3월, 6월, 9월, 12월. 이렇게 정확히 분기별로 만나는 친구다. 이번에는 서울 3대 돼지고기 맛집 중에서도 최고라는 숙대입구역의 '남영돈'에 가기로 했다. 몇 달 전부터 약속을 해 놓았는데 왜인지 날짜가 다가올수록 또 회의감이 들었다. 돼지고기가 맛있으면 얼마나 맛있다고 거기까지 찾아가야 할까, 웨이팅이 기본 2시간이라는데 그렇게까지 해야 할까 등 우울한 생각이 밀려왔다.

약속 당일. 짜놓은 일정대로 PC방에서 포트리스(정식 포트리스는 서비스가 종료됐지만, 최근 다른 경로로 게임을 할 수 있다)를 하며 친구를 기다렸다. 마침내 친구가 도착해 내 이름을 불렀고, 나는 친구를 보자마자 즐거운 기분이 들었다. 반갑기도 하고, 마음을 나눌 수 있는 누군가가 있다는 사실에 가슴이 따뜻해졌다. 평소에는 PC방을 가지 않지만 대학시절을 추억하며 친구와 같이 포트리스를 하는 것 또한 즐거웠다. 남영돈의 고기 맛은 일품이었다. 두툼한 고기는 육즙을 가득 머금고 있었고, 직원이 숯불에서 직접 구워 주니 먹기도 편했다. 성시경, 신동엽 등 연예인이 방문하고, 많은 유튜버가 찾은 데는 다 이유가 있다는 사실을 알게 됐다. 역시 잘 왔다.

모든 일이 그렇다. 나이를 먹어 가면서 더 그런 것 같다. 무슨 일을 하려고 계획하더라도 곧 우울한 마음이 들면서 '해서 뭘 하나' 하는 생각이 드는 것이다. 심지어 라면을 끓이려다가도 '맛도 없는 라면을 무엇 하러 먹나' 하는 생각이 든다. 무슨 일이든 확신이 있어야 한다. 그 일을 꼭 해내고 말겠다는 의지도 필요하다. 정해진 것은 아무것도 없고, 아무도 도울 수 없는 나의 삶이 여기에 있다. 누구도 내 삶을 대신 살아 줄 수 없다. 행복하고야 말겠다는, 즐거운 일을 만들겠다는 확신과 의지로 일상을 채워 나가야 한다. 오늘 저녁에는 '너구리' 라면을 끓일 것이다.

불안

　불안하다. 원인을 알 수 없다. 가슴이 답답하고 기분이 이상하다. 무슨 일이 생길 것만 같아 두렵다. 불안과 함께 우울감도 몰려온다. 사는 것이 재미없다. 매일 반복되는 하루하루. 지겹고 허탈하다.

　삶의 주도권이 문제일까. 나는 내 삶을 스스로 계획하고 목표를 이루기 위해 최선을 다하고 있을까. 끌려다니는 삶이 아닌 내 의지와 계획대로 하루를 살고 있는가. 알바를 하는 현실은 불가피한 것이다. 현재로서는 다른 대안이 없다. 하루 종일 노는 알바다. 시간을 아껴야 한다. 의미 있게 시간을 써야 한다. 알바를 하는 것이 아니라 독서실에 간다고 생각하자. 책을 읽고, 글을 쓰자. 목표를 세우고 미래에 대한 희망을 갖자.

　외로움을 달래줄 공동체가 없는 것도 문제다. 외로움은 불안의 원인이다. 학창 시절에는 친구가 있었고 소속감이 있었다. 직장 생활을 할 때도 동료가 있었고 나를 지켜 주는 회사가 있었다. 지금은 알바다. 언제든 그만둘 수 있다. 하루 종일 말 한마디 섞지 않는다. 소속감은 전혀 없다. '조용한 퇴사'를 한 지는 벌써 오래다. 알바 자체에서 불안감을 느끼는 것인지도 모르겠다. 이를 극복할 수 있는 방법이 무엇일까. 끈끈함을 느낄 수 있는 공동체가 필요하다.

어린아이와 같이 살아야 한다. 아무 이유 없이 하루 종일 웃고 뛰어다니는 애들처럼 순수한 마음이 필요하다. 돈 때문이 아닌, 나의 이익 때문이 아닌 삶을 살아야 한다. 돈과 명예를 추구하면 필연적으로 절망한다. 욕심에는 끝이 없기 때문이다. 비교를 하면 할수록 우울해진다. 글을 쓰자. 어떤 평가를 받든 내가 좋아하는 일 아닌가. 순수하게 좋아서 하는 일을 하자.

나를 통제하는 것으로부터 벗어나야 한다. 통제 당한다는 느낌, 낮은 서열에 처해 있다는 감정은 우울감을 가져온다. 하루 종일 알바를 하고 있다. 마음대로 자리를 비울 수도 없고, 관리자들도 신경 써야 한다. 하지만 이제 신경 쓰지 말자. 내 업무 처리에 문제가 없고 업무 규칙을 어기지 않는 한 나는 당당하다.

시간을 내서 자연을 바라보자. 경외감을 주는 바다, 산, 하늘과 별을 보자. 경이롭고 놀라운 자연 속에서 삶이란 아무것도 아니다. 자연을 바라보면 불안과 우울감이 감소된다. 바다를 보러 갈 때가 됐다. 여행을 가자!

* **참고 자료**
요한 하리, 『벌거벗은 정신력』, 김문주 번역, 쌤앤파커스, 2024.

봄의 향기

　봄의 향기, 춘향. 어떻게 춘향은 목숨 걸고 몽룡을 사랑할 수 있었을까. 몽룡은 장원급제 여부를 알 수 없었다. 춘향도 마찬가지다. 춘향은 몽룡의 불확실한 미래에 자신의 운명을 맡긴 셈이다. 나는 못할 것 같다. 아무리 좋아하는 사람이 있어도 목숨을 위협하는 상황이 된다면 사귀는 사람과의 사랑을 지킬 수 없을 것 같다. 춘향과 몽룡은 결혼을 한 것도 아니었다. 믿을 수 있는 것이라곤 아무것도 없었다. 중요한 것은 서로를 향한 마음뿐이었다.

　춘향은 어머니는 기생이지만 아버지는 양반이라는 점에서 서민을 대변하지 못한다는 평가도 있다. 또한 춘향은 이몽룡의 장원급제를 기다리며 신분상승하려는 욕구 때문에 끝까지 버틸 수 있었다는 말도 있다. 그러나 나는 순수한 사랑을 믿고 싶다. 춘향은 불확실한 미래 속에서도 뜨거운 사랑에 목숨을 걸었다고.

　어찌 보면 몽룡만큼 무책임한 사람도 없는 것 같다. 사랑을 고백해 놓고 혼자서 멀리 떠나 버렸다. 알 수 없는 미래를 믿으라며 기다리라고만 한 것이다. 요즘 말로 바꾸면 한 여자를 사귀어 놓고 고시 패스할 때까지 기다리라고 하고 떠나 버린 것과 같다. 시험에 붙을지, 떨어질지 모르는 불확실한 미래를 믿으라고 해 놓고 일방적으로 떠나 버린 것이다. 나 같았으면 헤어졌을 것이다. 시험에 붙으면 그때 다시 사귀자고 얘기할 수는 있어도 불확실한 미래를 함께하며 사랑하는 사람의 삶을 망치게 할 수는 없는 것이다. 사랑하기 때문에 헤어진다고나 할까.

내가 여자를 사귀지 못하는 이유도 이 때문인지도 모른다. 내 삶이 불확실한데 어떻게 자신 있게 내 삶에 동참하라고 말할 수 있겠는가. 물론 이제는 사랑에 대한 환상은 거의 없어졌고, 사람을 사귈 때의 즐거움보다 피곤함이 더 크기 때문에 여자를 만나지 않는 것도 있다. 그러나 춘향 같은 사람이 있다면 너무나 고마울 것 같다. 나도 모르는 나의 미래를 끝까지 믿어 주는 사람, 목숨을 걸 만큼 날 사랑해 주는 사람. 그런 사람이 있다면 얼마나 행복할까 상상해 본다. 나이가 들었어도 사랑을 포기하지 못하는 이유다. 순수한 사랑, 봄의 향기 같은 사람을 만나고 싶다.

* **참고 자료**
『춘향전』, 백범영 그림/만화, 송성욱 번역, 민음사, 2004.

나를 택한 자본주의, 사랑을 강요하다

자본주의는 끊임없이 돈을 만들지만 이자는 만들지 않는다. 이자를 고려하지 않은 금액만 현실에 존재하는 것이다. 그러므로 누군가 이자를 갚으려면 남의 돈을 가져올 수밖에 없다. 타인의 돈을 빼앗지 않는 한 이자를 낼 수 없고 필연적으로 경쟁이 벌어지게 된다. 결국 경쟁력이 낮은 사람들, 사회적 약자는 경쟁에서 도태되고 부익부 빈익빈은 심화된다. 이것이 자본주의 사회가 경쟁을 원리로 작동할 수밖에 없는 이유다.

내가 속한 사회가 자본주의를 채택하고 있는 이상 나는 경쟁에서 자유로울 수 없다. 그러나 나는 경쟁을 최대한 피하는 쪽으로 내 삶을 선택했다. 내가 지금 하고 있는 알바 업무는 서로의 학력을 묻지 않는다. 대학을 나왔는지 고졸인지 알 필요도 없다. 그저 컴퓨터로 복사, 붙여 넣기만 반복하면 된다. 알바를 하고 있는 현재의 회사 자체가 자본주의의 먹이사슬에서 맨 아래쪽에 위치해 있다. 월급 또한 최저임금 수준이다. 경쟁을 피하는 데는 아주 적절한 것이다.

그러나 나도 욕심을 내고 싶은 일이 있다. 바로 글쓰기다. 글쓰기로는 누구에게도 지고 싶지 않다. 잘하고 싶고 인정받고 싶다. 그러나 내 책이 베스트셀러가 되고 책을 파는 것만으로 생계를 유지할 수 있는 가능성은 로또에 가깝다는 것을 알고 있다. 더욱이 나는 글을 쓰고 책을 내는 그 자체에 의미를 두고 있을 뿐 수익을 만들어 낼 생각은 없다. 남이 보는 글을 쓰는 것이 아니라 내가 좋은 글을 쓰는 이유다. 글쓰기마저 돈을 위한 수단으로 전락하게 할 수는 없다. 나는 내가 하고 싶은 말을 할 것이다. 그러므로 책을 쓰는 일도 자본주의 사회가 요구하는 것과는 맞지 않는다.

결국 나는 자본주의 체제 속에서 자본주의의 원리를 거스르며 살고 있는 것이다. 한마디로 돈 벌기는 글렀다고 할 수 있다. 문제는 소비다. 자본주의를 거부하기로 했다면 소비 역시 거부해야 할 텐데 그렇지를 못하다. 가끔 명품도 사고, 호캉스를 즐기고 가족 행사는 호텔 레스토랑으로 잡는다. 어쩌면 이렇게 명품을 소비하는 것은 자본주의의 최하위에 속해 있다는 감정을 해소하기 위함은 아닐까 생각해 본다. 자존감이 낮을수록 과소비를 하게 된다는 말이 그냥 나온 말은 아니라는 것이다. 자본주의를 거부하기로 했다면 소비 역시 거부해야 마땅하다.

자본주의는 인간의 이기심을 바탕으로 필연적으로 경쟁을

만든다. 경쟁에서 지면 낙오자가 되고 신용불량자가 된다. 그러나 사람은 돈만으로 살 수 없다. 경쟁과 남의 돈 빼앗을 것을 강요하면서 약자를 희생시키는 일이 계속되면 자본주의 체제는 지속될 수 없는 것이다. 그래서 자본주의 체제의 위기가 대두될 때마다 복지정책이 강화되는 것이다. 그러나 이러한 복지 땜질에도 한계가 있지 않을까. 결국 자본주의 체제가 무너지는 날이 올 수도 있지 않을까. 그때가 되면 인간의 이기심을 원리로 경쟁하는 사회가 아니라 사랑을 원리로 협력하는 사회가 만들어지지는 않을지 상상해 본다. 자본주의 체제가 인간의 이기심을 극도로 자극해 결국 붕괴된다면 그 다음의 체제는 서로의 사랑을 원리로 작동하는 경제 체제이기를 꿈꿔 본다. 내가 살고 있는 고도의 자본주의, 오히려 사랑을 강요하고 있는지도 모른다.

* **참고 자료**
EBS 자본주의 제작팀, 『EBS 다큐프라임 자본주의』, 가나출판사, 2013.

케이크와 맥주

　공부 잘하는 날라리. 나의 학창 시절 목표는 공부만 하는 범생이도 공부를 포기한 날라리도 아니었다. 공부도 남들보다 잘하지만 잘 노는 날라리가 되는 것이 목표였다. 그래서 그런지 담배는 고등학생 때 피우기 시작했고 술은 중학생 때 처음 마셔 본 것 같다. 고등학생 때는 학교 담을 넘어 수업을 땡땡이치기도 했고 등굣길에 학교에 가지 않고 오락실에 앉아 있다가 단속 나오신 선생님에게 뒤통수를 맞은 적도 있다. 그래도 성적은 꽤 잘 나왔다. 그렇게 놀면서도 공부는 나름대로 열심히 했던 것 같다.

　내 삶을 생각해 보면 항상 일탈의 경계선 안쪽에 한 발을 놓고 다른 발은 일탈의 경계선 밖에 놓은 삶을 살았다. 남들은 몇십 년씩 잘 다니며 직장 생활을 하지만 나는 직장인으로서 오래 일하지 못했다. 나쁜 직장이었기 때문이 아니다. 남들이 부러워할 만한 직장만 골라서 다녔다. 그렇게 경계선 안쪽에서 발버둥치며 남들보다 잘 살기 위해 노력했던 것이다. 그러나 경계선 안쪽의 삶을 이뤄 놓고는 곧 일탈을 한다. 사회가 정해 놓은 시간표대로 살지 못하고 경계선 밖으로 튀어 나가는 것이다. 고등학생 시절 공부를 열심히 하고 나서 담배를 한 대 피워야 하는 것과 같다.

　결혼도 마찬가지다. 여자친구를 사귀어 봤으나 결혼에 대한 생각은 점점 더 멀어져 갔다. 남들처럼 사귀다가 결혼을 하는 사회적 순리를 따르지 못한다. '나도 여자친구를 사귀어 봤다'는 경계선 안쪽의 삶을 살고서는 결혼은 하지 않는 일탈을 하는 것이다. 작가의 삶 또한 마찬가지다. 이미 직장은 다녀봤고 직장을 통한 자아실현은 끝냈다는 모범생의 삶을 살고 난 후에 알바를 하며 글 쓰는 삶을 살아가는 일탈을 감행하는 것이다.

　가끔 이런 나의 모습이 답답하기도 하다. 차라리 일탈을 할 것이라면 전적으로 일탈을 해 보면 어떨까 생각해 본다. 알바를 그만두고 오로지 책 읽기와 글쓰기에만 매진하는 것이다. 그러나 난 일탈에 내 삶을 완전히 던지지 못한다. 경제적 어려움을 감수하고라도 꿈을 이루기 위해 하고 싶은 일에만 매달려야 할 텐데 그럴 자신은 없다. 아니, 그런 고통을 겪고 싶지 않다. 비록 알바를 하더라도 경계선 안쪽의 삶을 어느 정도 지켜야만 마음이 놓인다. 그것이 아니라면 남들처럼 몇십 년씩 직장에 다니면서 결혼을 해서 아이를 낳아 기르는 삶을 살아야 할 텐데 그러지도 못한다. 사회적 시간표에 따르는 삶, 자본주의에 충실한 삶은 생

1. 삶의 비평

각만 해도 답답하고 싫다. 사회가 정해 놓은 시간표를 지키면서도 한편으로는 지키지 않는 것, '케이크와 맥주'를 먹더라도 마음껏 취하지 못하는 것. 그것이 나의 삶이다.

*** 참고 자료**
서머싯 몸, 『케이크와 맥주』, 황소연 번역, 민음사, 2021.

지
하
철

아침 출근 시간. 오늘도 지하철은 만원이었다. 출입문 바로 옆에 기대서서 세로로 길게 뻗은 손잡이를 잡고 있었다. 미아삼거리역에서 갑자기 더 많은 사람이 타기 시작했다. 하얀색 반팔 티를 입은 20대 후반쯤 돼 보이는 여자가 내 팔을 밀치고 들어왔다. 나도 내 자리를 지켜야 했기에 팔에 온 힘을 주고 버텼다. 그 여자는 가슴을 내 팔에 세게 밀착시켰다. '물컹물컹'하는 느낌이 들었다. 그러기를 2~3초. 내가 계속 버티고 있자 그 여자는 내 팔에서 가슴을 떼더니 그 비좁은 공간에서 나와 거리를 유지하기 위해 안간힘을 썼다. 내가 잡은 손잡이 바로 윗부분을 잡고 있다가 나와 손이 닿자 깜짝 놀라며 손을 떼기도 했다.

지하철에서 내려서도 기분은 언짢았다. 마치 내가 죄를 지은 것 같은 느낌이 들었다. 나는 내 자리를 지키기 위해 노력했을 뿐이다. 밀치고 들어온 것은 분명 그 여자였다. 그렇게 생각해도 내 기분은 나아지지 않았다. 내가 의도한 것도 아니었고 전혀 그럴 마음도 없었는데 느껴지는 이 죄책감은 무엇일까. 아무리 내가 정당하다 해도 남에게 피해를 줄 수 있다는 것을 깨달았다. 남을 어떻게 하겠다는 의도가 없어도 남에게 피해를 줄 수 있고 내 감정이 상할 수도 있는 것이다.

거리를 걷다 보면 어느 날은 내 앞에서 걸어가는 사람조차 짜증 날 때가 있다. 바빠 죽겠는데 앞에서 천천히 걸어가는 사람을 보면 화가 나는 것이다. 커피숍에서 커피를 마시기 위해 고개를 들었는데 앞에 있는 사람과 눈이 마주칠 때도 있다. 그 사람도 나도 어색하고 언짢은 기분은 마찬가지일 것이다. 나에게 악의가 없더라도 다른 사람을 기분 나쁘게 할 수도 있고 남들 또한 마찬가지다. 그렇기에 조금은 내가 피곤하고 답답하더라도 남에게 피해가 있지는 않을까 생각해 봐야 한다.

지하철에서 버티고 있지 않고 피했다면 내가 좀 불편했겠지만 서로를 배려하는 마음에 웃을 수도 있지 않았을까. 그 여자를 다시 만난다면 얘기해 주고 싶다. "저 그렇게 나쁜 사람은 아닙니다. 미안해요."

# 말(言)

　일터에서는 최대한 말을 안 하는 것이 좋다. 아니 아예 말을 하지도 않고, 듣지도 않는 것이 최고다. 알바를 고를 때 중요한 조건 중 하나는 말이 없는 곳이어야 한다는 것이다. 현재 일하고 있는 곳에서도 나는 말을 하지 않는다. 눈을 마주치지 않는 한 인사도 하지 않는다. 감정 교류가 전혀 없다 보니 불필요한 감정 소모가 없다. 사람 스트레스를 받지 않는 것이 얼마나 편한 일인지 실감한다. 내 업무를 처리하고 월급만 받으면 그만이다. 사람들과 어울리기도 싫고 귀찮기만 하다.

　식당에서도 키오스크를 이용하면 주문을 위해 직원을 부르지 않아도 되고, 결제할 때 사람을 마주치지 않아도 된다. 시킨 음식을 먹고, 일어나면 되는 것이다. 커피숍에서 주문할 때도 휴대전화 앱을 사용하니 커피숍 직원과 대화를 할 필요가 없다. 음료를 받으면서 "수고하세요" 정도만 하면 된다. 얼마나 편한 일인가. 대화를 하면 아무리 손님에게 친절해야 하는 직원이라도 감정을 숨길 수 없다. 일이 힘들 때는 귀찮은 티를 내고, 손님이 말을 못 알아들으면 짜증 나는 말투가 자연스레 나온다. 손님이 된 입장에서 이런 일을 겪으면 자신에게 잘못이 있어도 감정이 상하기 마련이다. 말을 하지 않으면 불필요한 감정싸움을 하지 않으니 너무나 편하다. 서로의 감정을 공유하지 않게 되는 것이다.

그러나 내가 좋아하는 사람들을 만날 때는 말을 많이 하는 것이 좋다. 상대방의 감정을 헤아리고 이해하는 과정을 통해 서로의 마음을 확인하는 것이다. 특히 가족과는 많은 얘기를 하며 사랑을 확인한다. 때로는 잔소리처럼 들리기도 하지만 그 자체에서 사랑을 느낀다. 친한 친구나 선후배를 만날 때도 그렇다. 누가 시키지 않아도 농담이 절로 나오고 서로 즐겁게 웃는다. 다른 사람에게는 얘기할 수 없는 인생의 고민을 나누며 위로받기도 한다. 이럴 때의 말은 듣는 것도 좋고, 하는 것도 좋다. 억지가 없고 순수하고 자발적이다. 서로에 대한 애정을 느낄 수 있다.

이제 막 돌이 지난 조카를 만나면 감정 공유가 무엇인지 확실히 알 수 있다. 아기를 볼 때면 웃는지 찡그리는지, 어떤 옹알이를 하는지 주의 깊게 관찰한다. 그러면서 아기가 원하는 것이 무엇인지, 어떻게 하면 더 편안할지 확인한다. 신기한 것은 말을 못 알아듣는 아기도 자신에게 하는 말과 시선을 그대로 느낀다는 것이다. 조금이라도 아기를 나무라는 분위기가 조성되면 아기는 무엇을 먹고 있다가도 뱉어 버리고 울음을 터뜨린다. 이렇게 아기와 감정을 공유하면 행복해진다. 아기의 순수함에 나도 모르게 빠져드는 것이다. 대화를 한다는 것은 상대방과 감정을 공유하는 일이다. 아주 작은 표정의 변화, 말투, 어휘에도 감정이 상할 수 있다. 타인과 대화할 때 서로를 아기 대하듯 배려한다면 감정을 공유하는 것도 그렇게 피곤한 일이 되지는 않을 것이다.

유언장

1. 내가 죽으면 나의 모든 재산은 동생 소유로 한다.
2. 나의 죽음은 곧 천국에 가는 것이니 걱정하지 않기를 바란다. 하나님께서 믿음을 주셨고 구원받았으니 감사한 일이다. 더욱이 먼저 천국에 가신 아빠도 만날 수 있으니 얼마나 다행인지 모르겠다. 죽음이 두렵기도 하지만 한편으로는 감사한 마음이다.
3. 죽음을 생각하니 가장 아쉬운 것은 사랑이다. 아빠를, 엄마를 난 왜 더 사랑하지 못했을까. 사랑하는 내 동생과 제수씨 그리고 조카 로이를 더 사랑했어야 했다. 하루하루 어떻게 하면 가족을 더 사랑할 수 있을지 고민하고 아쉬움이 남지 않도록 노력해야 했다. 가족뿐만이 아니다. 가게 점원이나 만원 버스, 지하철에서 마주친 사람들, 그리고 우연히 스쳐 지나간 모든 사람들에게 더 친절했어야 했고 웃어야 했다. 사랑하지 못한 것이 가장 큰 후회로 남는다. 우리 더욱 사랑하자.
4. 난 항상 돈 때문에 부족함에 쫓겨 살아왔다. 언제까지 살

지 알 수 없으니 돈 걱정을 하는 것은 당연하다. 돈이 없으면 살 수 없는 것도 맞다. 하지만 돈은 항상 부족하다. 아무리 아껴 쓰고 모아도 돈은 부족하다. 하루 종일 돈이 없다며 지루해하며 짜증 내는 삶이 아니라 오늘 나에게 주어진 것에 만족하고 감사하자. 무엇이 항상 부족하다고 느끼는 삶이 아니라 지금 내가 가진 것에 감사하고 충분하다는 마음으로 살자. 돈에 쫓기는 삶이 아니라 사랑과 감사로 충만한 여유로운 삶을 살자.

5. 언제, 어디서 죽음을 맞이할지 알 수 없지만 가능하다면 내가 마지막 숨을 쉴 때 내 손을 잡고 있으면 좋겠다. 아빠를 천국에 보내 드릴 때 그렇게 하지 못한 것이 너무나 후회된다. 숨을 거두는 순간 누군가 내 손을 잡아 주고 있다면 두려움을 이겨 내는 데 큰 힘이 될 것 같다. 불필요한 연명치료는 하지 않으면 좋겠다.

6. 장례식은 간소하고 짧게 하고, 시신은 화장해 가족 곁에 묻어 주기를 바란다. 묘비에는 요한 1서 4장 8절 말씀을 새겨 주면 좋겠다. "사랑하지 아니하는 자는 하나님을 알지 못하나니 이는 하나님은 사랑이심이라"

7. 남겨진 사람들의 섭섭함과 슬픔은 시간이 해결해 주리라 믿는다. 때로는 고통을 겪는 것이 고통을 사라지게 하는 유일한 방법이다.

* **참고 자료**
엘리자베스 퀴블러 로스, 데이비드 케슬러, 『인생 수업』, 류시화 번역, 이레, 2014.

3초

　정체성이 바뀌는 데 걸리는 시간, 3초. 언론고시 준비생에서 '기자'가 되는 시간은 3초면 충분했다. 합격자 명단에 내 이름이 있는 것을 확인한 순간부터 3초가 흐른 뒤 난 백수에서 기자가 됐다. 대학교 정규직 교직원이 될 때도 그랬다. 사람들이 나를 '곽 선생님'으로 부르는 시간은 3초면 충분했다. 아직은 좀 어색하고 겸연쩍지만 '작가'가 되는 것도 마찬가지였다. 출판사에서 내 책이 배달되고, 사람들에게 책 선물을 하고, 응원을 당부하는 문자를 돌리고 나니 난 나름대로 작가가 돼 있었다.
　물론 3초를 위한 준비 기간은 오랜 시간이 걸린다. 기자 준비는 최소 1년이 필요하고, 일반 취업 준비도 이력서를 내고 면접을 보고 최종 발표까지 몇 달이 소요된다. 책을 쓰는 데는 2년이 걸렸다. 하지만 정체성이 변화되는 데는 딱 3초가 걸린다. 염원했던 목표를 이루고 행복감을 느끼는 시간이 나에게는 3초인지도 모르겠다. 정상을 향해 등산을 시작하지만, 정상에 올라 '야

호'를 외치면서 크게 한번 웃고 나면 나는 곧 목표했던 산을 정복한 사람이 되고 등산의 목적을 상실하는 것이다.

결국 나에게 만족이란 목표의 상실을 의미한다. 더욱이 만족하면 게으름이 찾아오고, 조금은 교만해진다. 겨우 책 한 권 내놓고 이런 소리를 한다는 핀잔을 들을 수도 있지만, 한 번 책을 내고 나니 기대와 환상이 반감되는 것은 어쩔 수가 없다. 자만심도 생긴다.

목표를 이루는 것보다 더 중요한 것은 목표했던 것을 유지하고 지속하는 것이다. 이는 타당한 말이지만 일단 목표를 이루고 나면 '이제는 뭘 해야 하나'라는 허탈감이 찾아오는 것은 어쩔 수가 없다. 기자가 됐으면 좋은 기사를 쓰겠다는 목표를 가져야 하고, 작가가 됐으면 더 좋은 다음 책을 준비해야 한다는 당연한 목표가 생기지만 나는 왜 이러한 목표들이 지루하게만 느껴지는지 모르겠다. 딱 화장실 갈 때 마음과 나올 때 마음이 다른 것과 똑같다.

존 스튜어트 밀은 『자유론』에서 "사람은 누구든지 자신의 삶을 자기 방식대로 살아가는 것이 바람직하다. 그 방식이 최선이어서가 아니라, 자기 방식대로 사는 길이기 때문에 바람직한 것이다."라고 했다. 그렇다면 이렇게 목표를 자주 바꾸는 것도 나만의 삶의 방식은 아닐까. 어떤 사람도 다른 사람의 삶의 방식을 함부로 평가할 수 없는 이유가 여기에 있다. 밀의 말에 따른다면 결국 '자기 방식대로 살아가는' 모든 사람의 삶은 바람직하다.

    다만 나는 나를 설레게 하는 일, 열정을 느낄 수 있는 일, 그것을 이루고 싶어 못 견딜 만큼 나를 달아오르게 하는 일, 무슨 일이 있어도, 죽어도 그 일은 해내고야 말겠다는 열의를 갖게 하는 일, 내가 살아가는 의미를 느낄 수 있는 일, 하루하루를 가치 있게 살고 있다는 느낌을 갖게 하는 일, 다른 사람이 내 삶을 어떻게 평가하든 상관없이 내가 좋아하는 일, 나는 그런 일을 하고 싶다. 그 목표를 이루고, 3초 동안 웃고, 또 다른 목표를 만들 것이다. 그것이 나의 삶의 방식이다.

* **참고 자료**
유시민, 『어떻게 살 것인가』, 생각의길, 2013.

114

　'사랑합니다, 고객님.' 114에 전화를 걸면 상담원들이 하는 멘트였다. 고객을 진심으로 대하겠다는 취지는 알겠으나 모르는 전화번호를 문의하면서 이런 말을 듣는다는 것은 좀 과하다는 생각을 했다. 아무리 생각해도 내가 왜 사랑받아야 하는지 이유를 알 수 없었다. 상담원 입장에서도 수많은 고객에게 날리는 앵무새 같은 멘트에 진심이 담겨 있을 리 없다. 친절의 형식은 있으나 마음은 없는 것이다. 그렇다고 마음은 있으나 형식이 없는 것도 문제다. 불필요한 오해를 불러일으킬 수 있기 때문이다. 결국 마음도 있고 적절한 형식도 갖춰야 진정한 표현이라고 할 수 있다.

　오늘날 한국의 민주주의는 형식도 부적절한 데다 마음도 없다. 먼저 형식적 측면에서 우리의 민주주의는 모든 국민을 공평하게 대변하지 못한다. 일반 보통 사람, 사회적 약자의 정치 참여가 적절히 이루어지지 못하고 있는 것이다. 우리가 선택한 국가

형식인 '대한민국은 민주공화국이다.'라는 헌법 1조 1항은 모든 사람이 자신의 삶의 질을 개선하기 위해 공평하게 정치과정에 참여할 수 있음을 규정한 것이다. 그러나 실제로는 보수적 정당 구조 속에서 노동자와 농민과 같은 사회적 약자는 정치 참여에서 소외되고 있다. 이 때문에 자신을 적절하게 대변할 정당을 찾지 못한 국민들이 거리로 나와 촛불을 들고, 돌을 던지는 것이다.

더 큰 문제는 보수적 정당구조를 만들어 낸 반공 이데올로기의 역할을 오늘날에는 신자유주의가 대신하고 있다는 점이다. 남한 만의 단독 정부 수립, 한국전쟁을 겪으면서 당시 한국 정부는 반공 이데올로기를 국시로 삼아 좌파 정당을 억압했다. 그 이후 군사 정권은 경제 발전 과정에서 발생하는 노동자와 농민의 요구를 억압하는 도구로 이를 사용했다. 오늘날에도 반공 이데올로기가 남아 있지만 과거와 비교할 때 약화된 것이 사실이다. 그러나 이 자리를 신자유주의가 대신 차지하고 있다. 노동의 유연성, 공기업 민영화, 동시다발적인 자유무역협정의 체결 등의 신자유주의 정책은 사회적 약자에 대한 배려보다 효율성과 경제 성장에만 초점을 맞추고 있다. 이러한 신자유주의의 강화는 그렇지 않아도 보수화된 정당 구조를 더욱 견고히 하는 역할을 하고 있다.

이처럼 민주주의의 형식도 문제지만, 한국 사회의 마음도 문제다. 한국의 민주주의에는 민주주의의 마음인 개인주의가 올바로 자리 잡고 있지 못하다. 나의 이익과 상대방의 이익이 충돌할 때 토론과 조정을 통해 양보하고 합의를 이끌어 낼 수 있는 것이 진정한 개인주의다. 즉 상대방을 존중할 때 나도 존중받을 수 있음을 알고 관용을 베푸는 것이 개인주의인 것이다. 개인주의는 다른 누구도 자신과 다르지 않은 평등한 존재임을 인식할 때 가능하다. 여기에 더해 유교 문화, 일제 식민지, 군사 독재가 이어지면서 권위주의적인 정부, 수동적인 국민이 자연스럽게 여겨져 왔다. 결국 국민들은 선거 기간 동안에만 자유를 누리고 있는 셈이다.

114의 '사랑합니다, 고객님.'은 오히려 불쾌감을 준다. 형식만 있는 친절은 잠깐 감사한 마음을 가졌다가도 속았다는 느낌을 받게 한다. 차라리 마음은 있지만 형식이 부적절한 것은 처음에는 오해할 수는 있지만 최소한 속았다는 생각은 하지 않게 된다. 처음에는 무례해 보이더라도 진심을 알았을 때 오해는 풀리기 때문이다. 한국의 민주주의의 문제 역시 형식을 바꾼다고 궁극적으로 해결되지는 않을 것이다. 형식을 만드는 것은 결국 마음이기 때문이다. 국민들이 민주적 자질을 먼저 갖추면 어떻게든 형식은 변화될 수밖에 없다. 대한민국의 주권은 국민에게 있고, 모든 권력은 국민으로부터 나오기 때문이다.

* **참고 자료**
최장집, 『민주화 이후의 민주주의』, 후마니타스, 2010.

부자 감세

사람은 누구나 수단이 아닌 목적이어야 한다. 인격적 존재로서 인간은 누구나 평등하게 대우받아야 할 권리가 있으며 소수의 사람이라도 다른 사람의 이익을 위해 희생되는 것은 정당한 일일 수 없다. 정부의 감세안을 두고 벌어지는 논란도 이와 같은 전제를 갖고 있다. 정부와 여당은 다수를 위해 소수 부자에게 세금을 높게 부과하는 것은 소수를 희생시키는 일이라고 주장하고 있다. 반면 야당은 소수 부자를 위한 감세는 양극화를 심화시킨다며 간접세 중심의 세금 인하가 필요하다고 맞서고 있다.

우선 정부의 주장은 평등을 위해 불평등을 용인한다는 데 문제가 있다. 감세안에 찬성하는 사람들은 일부 부자에 대해 높은 세금을 부과하는 것이 이들의 삶을 타인의 삶을 위한 자원으로 만드는 것이라고 말한다. 그러면서 모든 사람을 목적으로 대우하기 위해서는 각자가 가진 소유권을 평등하게 보장해 주어야 한다고 주장한다. 그러나 이는 형식적인 평등 주장에 불과하다. 사유재산권을 최대한 인정해 정부가 세금을 줄이면 줄일수록 재분배 효과는 떨어지고 양극화로 인한 실질적 불평등은 심화되는 것이다.

그러므로 인간을 수단이 아닌 목적으로 대우하기 위해서는 오히려 재분배 정책이 강화돼야 한다. 부유한 사람들은 세금을 더 낸다 할지라도 재산 소유권이 박탈될 정도는 아니다. 또한 다른 사람을 위한 수단으로 이용될 정도로 삶의 수준이 악화하지도 않는다. 그러나 가난한 사람들은 부자가 낸 세금으로 자신의 능력으로는 얻을 수 없었던 삶의 혜택을 받게 된다. 부동산 가격 상승이 자신의 노력이 아닌 운에 의한 것이었고, 남들보다 부유한 가정에서 태어나 양질의 교육을 받고 고소득층이 될 수 있었다면 그렇지 못한 사람들을 위해 세금을 내는 것은 당연한 일이다.

원래부터 적은 재산을 갖도록 태어난 사람은 없으며 또한 원래부터 많은 재산에 대한 권리를 부여받은 사람도 없다. 자신의 재능으로 재산을 모았다 할지라도 선천적으로 부여된 재능과 환경이 이들의 노력에 의한 것은 결코 아니다. 또한 감세를 통해 경제 성장을 이룰지라도 양극화는 더욱 심화된다. 경제 발전으로 약자가 누릴 수 있는 부가 조금 더 늘어나더라도 그들은 여전히 약자이며 자신의 삶이 아닌 돈을 위해 살아갈 수밖에 없다. 그러나 노동자도, 장애인도, 가난한 사람도 자신의 삶을 수단이 아닌 목적으로 살아갈 권리가 있다.

*** 참고 자료**
채사장, 『시민의 교양』, 웨일북(whalebooks), 2015.

2. 알바의 지겨움

300원

　300원이 모자랐다. 이미 신용카드는 쓸 수 없는 상태였고 체크카드를 들고 다니며 알바를 했다. 점심시간, 컵라면 하나를 사서 먹고 있는데 시원한 콜라가 마시고 싶었다. 하지만 계좌 잔액을 확인해 보니 300원이 모자랐다. 결국 콜라를 사 먹을 수 없었다. 빨간색 캔의 코카콜라가 너무 먹고 싶었다.

　빚은 3000만 원 정도까지 불어나 있었다. 대출 이자를 막기 위해 또 대출을 했다. 이렇게 하기를 여러 번. 더 이상 대출을 받을 수 없는 상황까지 이르렀다. 내 자존심에 알바는 할 수는 없다고 생각했다. 내가 알바를 하다니 말도 안 되는 일이라 생각했다. 하지만 대출 빚은 늘어만 갔고 더 이상 버틸 수 없는 지경까지 이르렀다. 무엇이든 해야만 했다.

　알바를 하면서 식당에서 밥 먹을 돈은 없었다. 점심에 컵라면 하나 정도를 먹을 수 있었는데 나는 편의점에 진열된 컵라면을 종류별로 모두 먹어 보기로 했다. 그 결과 가장 맛있는 컵라면은 참깨라면. 그다음은 까르보 불닭볶음면이었다. 그렇게 컵라면 하나로 하루를 버텼다.

지갑을 훔친 적도 있다. 정확히 얘기하면 공원 벤치에 있던 지갑을 주운 것이다. 평소 성격대로라면 나는 길을 가다가 돈이 떨어져 있어도 줍지 않는다. 귀찮은 일에 휘말리는 것이 싫기 때문이다. 그런 내가 떨어져 있는 지갑을 보고는 너무나 기뻐했다. 지갑에는 현금 2만 원 정도가 들어 있었다. 주민등록증을 보니 이웃 아파트로 주소가 돼 있었다. 나는 얼른 지갑을 주머니에 넣었다. 2만 원 때문에 양심을 버린 것이다. 지금도 그때 그 지갑을 생각하면 너무나 부끄럽다. 하지만 그만큼 돈 만 원이 절박했다.

결국 부모님의 도움을 받았다. 현재는 빚을 모두 갚았고 오히려 저축을 조금은 해 놓은 상황이다. 내가 생각해도 나는 더 이상 어떤 직업을 가져도 만족하지 못한다. 결국 알바를 하며 글을 쓰기로 마음먹었다. 유명한 작가가 될 능력도 없고 되고 싶지도 않다. 나는 글 쓰는 사람, 글을 좋아하는 사람이 되고 싶을 뿐이다. 평생 나만의 글을 쓰며 살아갈 것이다.

경제적으로 또 심리적으로 너무나 괴로웠던 그때 그 시절을 견뎌 낼 수 있었던 힘은 가족이 있었기 때문이다. 부모님을 사랑하는 마음은 당연한 것이었고, 현실적으로 내게는 부모님을 책임져야 할 필요가 없었다. 부모님과 함께 살면서 잘 수 있는 내 방의 침대가 있었고, 저녁에는 엄마가 밥을 해 주셨다. 아빠의 사업이 좋은 상황은 아니었지만 내가 생활비를 보태야 할 정도는 아니었다. 나는 내 삶만 책임지면 됐다. 내 생활비, 내 진로만 걱정하면 됐던 것이다. 이 정도의 경제적 상황 속에서 살 수 있었던 것은 정말 행운이었다. 부모님의 건강이 나빠 내가 간병을 해야 했거나 당장 먹을 것이 없어 집에 돈을 써야 했다면 결코 어려운 상황을 이겨 내지 못했을 것이다.

어려운 시절을 극복할 수 있었던 또 다른 이유는 나 자신에 대한 믿음 때문이었다. 우리나라 최고의 대학을 다니지는 못했지만 한동대학교에 입학한 것은 하나님의 축복이었다. 내가 어떤 일을 해도 기자 생활을 했다는 것, 대학교 정규직 교직원으로 일했다는 사실은 변하지 않는다. 나의 최고 토익 점수 945점도 사라지지 않는 내가 이뤄 낸 성과다. 설령 내가 공장에서 일을 한다 해도, 계단 청소부로 일한다 해도 내가 지금까지 이뤄 낸 일들은 변하지 않는다. 이러한 자신감이 시련을 극복할 수 있는 힘이 됐다.

그러나 오늘을 살아 내는 것은 여전히 힘겹다. 경제적으로 극도로 어려웠던 시절은 지나갔지만 삶의 문제는 계속된다. 칠순이 넘으신 어머니의 건강이 나빠질까 걱정된다. 현재 하고 있는 알바를 앞으로 얼마나 더 할 수 있을지 불안하다. 책을 읽고 글을 쓰는 일은 하루하루가 도전이다. 결국 나는 하나님만을 의지하기로 마음먹었다. 완전한 만족과 참 평안, 참 기쁨은 오직 하나님께 있다는 것을 믿는다. 내 삶을 하나님께 드린다.

*** 참고 자료**
강지나, 『가난한 아이들은 어떻게 어른이 되는가』, 돌베개, 2023.

편의점

"연락처 좀 알려 주시겠어요?" 나의 첫 편의점 알바는 대학생 때였다. 아버지의 사업이 급격히 어려워지면서 더 이상 용돈을 받을 수 없었기 때문이다. 육거리 롯데시네마 앞 GS25포항대흥점에서 알바를 하기로 했다(이곳은 아직도 운영 중이다).

어느 날 오후 한 여대생이 내기에서 졌다며 근무 중인 나에게 연락처를 물었다. 편의점 출입문 앞에서는 친구로 보이는 사람들 두 명이서 이 상황을 지켜보며 자지러지게 웃고 있었다. 난 부끄럽기도 하고, 진지하지 않은 상황이 내키지 않아 거절했다. 하지만 며칠 뒤 연락처를 주지 않은 것을 땅을 치며 후회했다. 유쾌하게 웃으며 그 상황을 받아들였다면 커플이 됐을 수도 있었다. 난 기회를 놓치고 만 것이다.

알바를 생각하면 가장 먼저 떠오르는 것이 편의점이다. 그만큼 일이 쉽고 편하기 때문이다. 무엇보다 혼자 일한다는 점이 좋다고 생각한다. 손님 응대에서 사람 스트레스를 피할 수는 없지만 최소한 동료로부터 스트레스를 받을 일은 없기 때문이다. 알바 시간도 다른 직종에 비해 파트타임으로 세분돼 있어 스케줄을 맞춰 일하기도 좋다.

지금까지 총 5번 이상 편의점 알바를 해 본 것 같다. 여러 번 알바를 하면서 더 일하기 좋은 편의점은 어떤 곳인지 나름대로 노하우도 생겼다. 우선 편의점 규모가 작아야 한다. 편의점이 크면 물류가 많이 들어온다. 특히 여름철 성수기에는 음료와 물이 많기 때문에 무거워서 힘이 많이 들고 물류 정리에 시간도 오래 걸린다. 또한 큰 편의점은 청소할 곳이 많아서 손이 많이 간다. 주로 내부 테이블을 치워야 하는데 음식물 찌꺼기가 많다.

둘째는 편의점 사장님들께는 죄송하지만 손님이 없는 곳이어야 한다는 것이다. 손님이 많아 정신없이 바쁜 곳은 빠지는 물건을 채우는 동시에 손님 응대를 해야 해서 그만큼 힘들다. 편의점의 규모나 위치는 지도 앱 거리뷰 등을 통해 확인하면 된다.

편의점 하면 GS25나 CU 등 가맹점이 가장 먼저 떠오르지만 그렇지 않은 편의점도 있다. 병원에서 직접 운영하는 편의점이 그렇다. 대형 종합병원 내에 딱 한 곳 편의점이 있는데 이런 편의점은 일반 가맹점과는 다르다. 손님이 많고 여러 명이 같이 일한다. 좋은 점은 식당, 화장실, 휴게실 등 깨끗한 병원 편의시설을 이용할 수 있다는 것이다. 큰 병원에 소속돼 있다는 자부심 아닌 자부심도 조금은 느낄 수 있다.

가장 힘든 것은 병원이기 때문에 흡연할 장소가 마땅치 않다는 것이다. 장례식장 주변까지 가야 하거나 지하 주차장에서 몰래 피워야 한다. 가맹점이 아닌 개인 편의점도 있다. 가맹 편의점처럼 물건을 진열해 놓고 24시간 운영하지만 가맹점은 아닌 곳이다. 근무복이 따로 없고, 인사 같은 손님 응대 매뉴얼이 없는 것이 좋다. 일반 슈퍼를 편의점처럼 운영한다고 보면 된다.

그러나 편의점 알바를 할 때 가장 중요한 것은 역시 사장님의 성향이다. 얼마나 자기 직원들을 아끼느냐가 알바의 질을 결정하는 것이다. 나의 첫 편의점 알바 때의 사장님은 직원들을 말 그대로 가족처럼 여겨 주셨다. 직원들을 모아 같이 식사 자리까지 마련해 밥을 사 주셨다. 9급 공무원을 준비하던 한 여자 알바 학생에게는 공부한 것이 너무 아깝다며 7급을 도전해 보라며 조언해 주셨고, 오래 일한 다른 알바 형에게는 나중에 편의점을 물려줄 테니 잘 해 보라는 말씀을 하셨다. 중요한 것은 결국 사람이다.

정신승리

알바 업무도 배워야 한다. 아무리 간단하고 쉬운 일이라도 처음에는 어떤 업무를 해야 하는지 모르기 때문이다. 컴퓨터로 작업을 한다면 해당 업무에서 사용하는 고유한 프로그램을 익혀야 하고 어떻게 하면 더 정확하고 빠르게 업무를 처리할 수 있는지 요령도 배워야 한다. 쉬운 일이지만 각 업무에는 나름대로 절차가 있고 매뉴얼이 있다.

이 때문에 나는 처음 알바를 시작할 때 누구에게나 저자세로 친절하게 대한다. 배우는 입장이므로 좋은 인상을 남겨야 하기 때문이다. 상대방이 내가 좋은 사람이라는 느낌을 받게 하기 위해 애쓴다. 하지만 업무가 어느 정도 숙달되고 나면 나는 다른 알바들과 눈도 마주치지 않고 한마디 말도 섞지 않는다. 더 이상 내게 필요한 사람들이 아니기 때문이다. 나의 학력과 경력을 떠올리며 나와 어울릴 만한 사람들이 아니라는 우월감을 갖는 것이다. 정말 필요할 때 도움을 줄 수 있는 사람 한두 명만 있으면 된다.

내가 알바를 하면서 유일하게 인사를 하는 사람들은 나의 업무에 영향을 줄 수 있는 관리자들이다. 이들은 쉬는 시간을 제한할 수 있고, 업무를 바꿀 수도 있으며 연차에 영향을 줄 수 있다. 잘못 걸리면 알바 하는 일이 피곤해지는 것이다. 이들에게는 웃는 얼굴을 보이며 일부러 과도하게 고개 숙여 인사를 해 준다.

알바 하는 곳에서 나의 경력을 아는 사람은 아무도 없다. 확실한 것은 나의 실체를 사람들이 알게 되면 나에게 위화감을 느낄 것이고 시기와 질투 때문에 알바가 힘들어진다는 것이다. 그러나 이렇게 나 자신을 숨기고 있는 것이 가끔은 답답할 때도 있다. 당장의 이익을 위해 정체를 숨기고 있지만, 누군가 나의 감정을 건드릴 때는 모든 정체를 밝히고 싶기도 한 것이다. 그러나 득보다 실이 많기에 꾹 참고 넘기고 있다. 물론 정체를 밝힌다고 달라지는 것도 없을 것이다.

엘리트 의식으로 속으로는 정신승리를 하고 있지만 현실은 나는 그저 말 잘 듣는 알바에 불과할 뿐이다. 물론 알바 하는 곳이 아닌 다른 곳에서는 모든 경력을 밝히고 작가라고 소개한다. 판사, 검사가 업무를 마치고 편의점에 가면 그냥 아저씨가 되듯, 나도 알바가 끝나면 엘리트 의식을 가진 작가가 되는 것이다. 그러면 알바를 할 때의 나는 누구인가?

* **참고 자료**
루쉰, 『아Q정전』, 열린책들, 2019.

30점

오전 9시 30분. 알바 시작 시간이다. 집에서 8시에 출발해 30분 일찍 사무실에 도착한다. 화장실을 가거나 담배를 피우며 여유롭게 아침을 시작하기 위해서다. 대기하는 시간이 싫어 9시 20분쯤 업무를 시작한다. 오전 10시 40분. 오늘의 큰 업무는 끝이다. 담배를 한 대 피우고 15분 정도만 더 일한다. 대략 오전 11시에 하루의 업무가 모두 끝난다. 12시부터 1시간 동안 점심시간을 보내고 1시부터 5시 30분까지 할 일이 없다. 퇴근 시간은 대략 5시 50분이다.

결국 하루에 일하는 시간은 총 1시간 30분에서 2시간 정도. 그것도 지극히 쉬운 단순 업무다. 이렇게 일하고 월급을 받는다는 것이 어처구니가 없다. 그렇다고 일이 없는 시간이 마냥 편한 것만은 아니다. 자리를 마음대로 자주 비울 수 없고, 오랜 시간 비워도 안 된다. 휴대전화를 볼 수는 있다는 것이 다행이라면 다행이다. 하루 종일 앉아 있기만 하면 돈을 주는 꼴이다. 조용히 앉아서 시간을 보내기만 하면 된다. 오직 휴대전화만 만질 수 있다. 할 일이 없으니 시간이 안 간다. 시간이 안 가는 것이 가장 힘들다.

　돈은 공돈이 최고라는 생각에는 변함이 없다. 불로소득이 베스트요, 돈 많은 백수가 최고다. 쉽게 번 돈은 가치가 없고, 어렵게 번 돈이라야 돈의 가치를 안다는 말은 헛소리다. 돈에 어디 그런 말이 쓰여 있는가. 쉽게 벌든 어렵게 벌든 1만 원은 누구에게나 1만 원이다. 스트레스가 심하고 밤에 잠도 못 자는 직장을 다니며 월급을 받는 생각을 하면 치가 떨린다. 너무 싫다. 그럼에도 불구하고, 이렇게 하루 종일 멍 때리며 앉아서 돈을 버는데 왜 마음이 좋지 않은지 이유를 모르겠다. 마치 고등학생 때 시험을 봤는데 공부를 하나도 하지 않아 30점 정도 맞은 것 같은 느낌이다. 노력하다가 그런 것이 아닌 포기하고 놀아서 시험을 망쳤을 때의 허망함.

　엄마는 알바를 하는 나를 보며 무슨 생각을 하실까. 우리 아들이 오늘도 돈 버느라 고생하는구나, 돈을 벌 수 있다는 것이 얼마나 다행이고 감사한 일인가 하는 마음을 가지실 것이다. 그 마음을 생각하면 가슴 한 편이 아려 온다. 그러면서 드는 생각은 내가 이렇게 살아도 되는 것일까 하는 죄책감이다. 물론 내가 하루 종일 멍 때리는 알바라는 것을 미리 알고 이 일을 선택한 것은 아니다. 그러나 하루 종일 허망하다. 일에서 보람도 느낄 수 없고, 자부심도 없다. 오직 얼마 안 되는 돈만 보고 시험 점수 30점 맞는 것 같은, 삶을 포기한 듯한 하루하루를 견디고 있는 것이다. 그렇다고 당장 할 수 있는 다른 일이 떠오르지도 않는다. 보람되고, 자부심을 느끼면서도 너무 힘들지 않게 돈도 많이 벌 수 있는 그런 일은 무엇일까? 아무리 생각해도 정답이 없다. 그래서 30점인가 보다.

가장 큰 욕심

알바천국, 알바몬, 벼룩시장, 당근 마켓, 부업 나라. 하루 종일 부업을 찾았다. 주중에 하는 알바가 토요일 근무가 없어지면서 한 달 수입이 20만 원~30만 원 줄어들었다. 이를 메우기 위해 토요일 밤을 새는 편의점 알바를 시작했지만 한 달 만에 그만두기로 했다. 토요일 낮에 쉰다고는 하지만 밤을 새는 근무라 사실상 주말이 없어졌기 때문이다. 체력적 한계도 느꼈다. 이제는 밤을 새는 일이 젊었을 때와는 달리 너무 힘들다.

편의점 알바를 그만두고 부업을 찾기로 했다. 검색 조건을 일요일로 해서 찾기도 하고 평일 저녁으로 바꿔 보기도 했다. '재택'을 키워드로 넣어 검색도 했다. 그중 눈에 들어온 알바는 병원 홍보 블로그 써 주기. 한 건당 1만 원~2만 원이란다. 하지만 내 글을 이렇게 헐값에 팔 수는 없다는 생각이 들었다. 평일 저녁 2시간씩 다이소 매장에서 상하차를 해 볼까도 했다. 그러나 후기를 검색해 보니 2시간 내내 쉬지도 못하고 막노동을 해야 한다고 한다. 노예였다. 결국 가장 만만한 것은 편의점 밖에 없었다. 평일 저녁 8시부터 11시 30분까지 하는 알바가 있었지만 집에 들어가면 새벽 1시 가까이 된다는 생각을 하니 도저히 할 수 없었다.

하루 종일 부업을 찾다가 결국 지쳐 버렸다. 결론은 포기. 일을 하지 않는 것으로 결론을 내렸다. 아무리 생각해도 알바를 하나 더 하면 삶의 질이 너무나 떨어진다. 대신 소비를 최대한 줄이고 최소한의 비용으로 삶을 즐기기로 마음먹었다.

결국 나는 돈을 포기한 것이다. 돈만 포기한 것이 아니다. 직장은 일찌감치 포기했다. 그래도 매일 출근해 하루 종일 앉아 있는 곳인데 내 업무에 대한 욕심과 애착을 가져 보려 했다. 하지만 그러면 그럴수록 허망하기만 하다. 업무 자체도 너무나 허접하지만 열정을 갖고 일할 가치가 없는 곳이라 결론 내렸기 때문이다. 수동적으로 정확하게 나에게 주어진 일만 할 것이다. 내 이익만 생각할 것이고 최대한 일을 하지 않으면서 돈만 받아 가기 위해 노력할 것이다. 열심히 일하든 대충 일하든 아무런 차이가 없는 업무다.

죽을 때까지 새로운 아침은 반복한다. 매일 아침 잠자리에서 일어날 때 설레는 하루를 생각하며 열정을 가지려면 내가 하고 싶은 일을 해야 한다. 내 뜻대로 삶을 계획하고 목표를 세우고 이를 이루기 위해 노력해야 한다. 돈은 하기 싫은 일을 억지로 해야만 자신을 내어 준다. 돈을 위해 사는 삶은 그래서 불행하다. 자신이 진정으로 원하는 일, 좋아하는 일을 하지 못하게 하기 때문이다. 자신의 삶을 살지 못하고 외부의 의지에 따라 움직이는 삶은 우울하고 불안할 수밖에 없다. 내가 돈과 직장을 포기한 이유다. 나는 매일 아침 집을 나서며 알바를 하는 것이 아니라 독서실에 간다고 생각한다. 꿈을 좇을 것이다.

취중진담

　알바가 싫다. 죽고 싶은 마음이 들 정도로 알바가 싫다. 아침 9시 30분부터 저녁 6시까지 알바 사무실에 앉아 있는 나의 현실이 너무나 싫다. 알바몬 사이트를 통해 구한 일이다. 경력을 숨긴 채 면접도 대충 봤다.

　자존심이 허락하지 않는다. 알바 사무실에 앉아 있는 것 자체가 치욕스럽고 죽고 싶은 마음이 든다. 그러나 돈이라는 수레바퀴 아래 깔려 있는 내가 현실적으로 선택할 수 있는 유일한 것이 알바다. 물론 나는 알고 있다. 대기업, 전문직 등 아무리 남들 보기에 좋아 보이는 직장이라도 일하기 싫은 것은 마찬가지라는 것을!

　그런 점에서 한편으로는 알바가 좋다. 출퇴근할 때 일에 대해 걱정할 필요가 없다. 알바에서 하는 업무에 전혀 부담을 느끼지 않는다. 업무 시간은 하루 종일이지만 실제로 일하는 시간은 2시간 정도다. 나머지 시간에는 책을 읽고 글을 쓸 수 있다. 내가 나의 정체성을 유지할 수 있는, 나의 자존감을 지킬 수 있는 유일한 방법은 책을 읽고 글을 쓰는 것이다. 만약 알바가 아닌 정상적인 직장에서 일했다면 책을 내는 것은 불가능했을 것이다. 어떻게 업무 시간에 책을 읽고 글을 쓸 수 있겠는가. 내가 지금 하고 있는 알바를 죽고 싶을 정도로 싫어하지만 그만 둘 수 없는 이유다.

헤르만 헤세의 『수레바퀴 아래서』의 주인공 한스 기벤라트는 천재적인 재능을 갖고 있었으나 기숙사 생활을 견디지 못했고 결국 노가다인 기계공을 하게 된다. 그리고 기계공을 한 지 얼마 안 돼 죽는다. 책은 자살인지 사고였는지 죽음의 원인을 명확히 밝히지 않고 있다. 어쨌든 화이트칼라의 자격을 가진 사람이 블루칼라의 일을 하게 된다면 어떤 심정인지를 자세하게 묘사하고 있다. 나 또한 기자라는 이름을 갖고 있으면서 편의점, 물류센터, 면세점, 휴대전화 케이스 공장 등에서 마치 블루칼라처럼 일했다. 나는 어떻게든 살 수 있는 방법을 찾았던 것이다. 죽고 싶다는 마음이 들 때마다 오히려 '내가 왜 죽나'라는 오기를 갖고 온갖 알바를 했다. 그리고 지금도 그러한 심정을 갖고 있다. 다만 지금 하는 알바가 책을 읽을 수 있는 환경을 제공하고 있기에 꾹 참고 견디는 것이다. 내가 누군지 알고!

* 참고 자료
헤르만 헤세, 『수레바퀴 아래서』, 김이섭 번역, 민음사, 2009.

쿠팡

"태경 씨, 다음 주까지만 나오세요." 상하차 일이었다. 새벽 4시 30분에 일어나 첫 버스와 지하철을 타고 1시간을 가면 4호선 경마공원역에 내릴 수 있다. 가장 먼저 하는 일은 1톤 트럭에 택배를 쌓는 일. 30분만 상차를 해도 온몸은 땀으로 범벅이 된다. 그렇게 1시간~2시간 정도 상차를 하고 신세계 백화점 강남점으로 이동해 2층 명품 매장에 택배를 배달하면 업무를 마친다. 매장 위치와 이름을 외우기 위해 백화점 홈페이지에 나와있는 층별 매장 안내 지도를 보고 프린트해 코팅까지 했다. 매일 출근하면서 매장 이름을 외웠다. 최소한 5년~10년은 일할 생각이었다. 하나님께서 내게 주신 좋은 기회이고 내가 이 일을 하는 것은 하나님의 뜻이라 생각하며 너무나 감사했다. 하지만 알바몬을 통해 구한 택배 알바는 1달 만에 잘리고 말았다. 이유는 알 수 없다. 소장의 말로는 회사의 인원 조정 때문이라고 했다. 누구보다 열심히 성실하게 오래 일할 생각이었는데 일을 못 하게 되니 너무나 실망스러웠다.

　　상하차 알바를 잘리고 난 다음날 압구정 현대 백화점 근거리 배송 알바를 해 보기로 했다. 경마공원역 일은 비록 1달 만에 잘렸지만 그래도 1달이라도 돈을 벌 수 있도록 해 주신 하나님께 감사했다. 면접을 위해 백화점으로 오라고 했다. 면접을 보는 관리자는 내 이름만 알고 있었을 뿐 나에 대한 아무런 정보를 갖고 있지 않았다. 5분 정도 업무 설명을 해 준 뒤 "원래 당장 오늘부터 일을 시작할 수도 있지만 본사의 승인을 기다려야 한다"고 말했다. 면접은 그야말로 형식적인 절차일 뿐이었던 것이다. 하나님께서 또 좋은 기회를 주셨구나 생각했다. 바로 일을 구할 수 있게 해 주신 하나님께 감사했다. 하지만 면접 합격 연락은 아무리 기다려도 오지 않았다. 기다리라는 문자만 받았을 뿐 결국 탈락한 것이다. 대체 백화점 물건을 배송하는 데 어떤 자격 요건이 필요한지 의문이 들었다. 기대했던 만큼 실망했고 화도 났다. 하지만 내 삶을 이끄시는 하나님의 뜻을 신뢰하기로 했다.

　　4대보험이 보장되고 퇴직금을 받는 일을 하고 싶었다. 그래서 택배 알바 중에 월급으로 급여를 주는 곳을 알바몬에서 열심히 찾았다. 대부분 택배 관련 일은 일급이거나 주급이었지만 월 100만 원을 주는 곳을 겨우 1곳 찾을 수 있었다. 너무나 감사했다. 역시 하나님은 나를 그냥 버려두시지 않는다며 기뻐했다. 하지만 업무시간과 급여를 계산해 보니 아무리 생각해도 최저임금에 미치지 못하는 급여였다. 답답한 마음에 노무사에게 무료 상담을 해 봤다. 채용공고를 보여 주니 역시나 돌아온 답은 해당 공고는 최저임금법 위반이라는 것이었다. 최소한 10년 이상 일하면서 퇴직금을 기대했던 내가 바보같이 느껴졌다. 더 이상은 아무 일도 하고 싶지 않았다. 구직을 포기하기로 했다.

구직을 포기하니 내가 할 수 있는 것은 인력사무소를 찾는 것과 쿠팡뿐이었다. 인력사무소에 나가려면 안전화와 각반, 안전교육이수증 등이 필요했다. 직장을 포기한 상황에서 이러한 준비를 하는 것조차 절망감이 들었다. 무섭기도 했다. 내가 막노동을 잘할 수 있을지, 체력적으로 견딜 수 있을지 걱정됐다. 그래서 결국 쿠팡 물류센터 일용직 알바를 하기로 했다. 하루 종일 걸었다. 휴대전화와 스마트워치는 사물함에 보관해야 했다. 담배와 라이터도 물론 갖고 들어가지 못한다. 오전 3시간 일한 뒤 1시간 점심시간, 그리고 12시 30분부터 17시 30분까지 5시간 동안 일하면서 중간에 10분 휴식을 한다. 벽돌, 고양이 모래, 강아지 배변패드, 1.5리터 페트병 음료수 등을 개수에 맞게 카트로 옮겨야 한다. 물건이 많을 때는 팔레트를 자키로 밀어야 할 때도 있었다. 오른쪽 새끼발가락에는 물집이 잡혔다. 발가락에 감각이 느껴지지 않았다. 다리와 팔이 아프고 허리와 손목이 욱신거렸다.

그러나 쿠팡에서 일하게 하신 하나님의 뜻을 신뢰한다. 하나님은 실수가 없으시다. 하나님은 나를 사랑하신다. 나를 향한 하나님의 계획은 선하고 완전하다. 예수님은 자신이 죽기까지 나를 사랑하셨다. 그런 나를 내가 포기할 수는 없다. 쿠팡이 점심밥은 맛있다.

"그는 넘어지나 아주 엎드러지지 아니함은 여호와께서 그의 손으로 붙드심이로다"(시편 37편 24절)

P.S. 쿠팡은 대기업이다. 우선 법적으로 정해진 급여를 받지 못한다는 걱정이 덜하다. 또한 일은 힘들지만 업무 환경이 깨끗하고 체계가 잘 잡혀 있다. 일용직이라고 나쁜 것만은 아니다. 내가 하고 싶은 시간을 정해 일할 수 있기 때문에 오전만 일할 수도 있다. 물론 일하고 싶어도 인원이 다 차면 업무를 할 수 없을 때도 있다. 셔틀버스가 있어서 출퇴근이 용이한 것도 장점이다. 출퇴근 시간이 오래 걸리지만 편리한 것은 사실이다. 오래 일하면 일용직도 퇴직금을 받을 수 있다는 말도 있다. 더 정확히 알아봐야 하지만 희망을 가져볼만하다. 사람 스트레스가 적다는 것도 좋다. 맡은 일만 하면 되기 때문에 하루 종일 다른 사람과 말섞을 일이 없다. 업무도 많은 공정이 있지만 어떤 공정이든 누구나 쉽게 적응할 수 있다. 안전화를 고를 때 세네 치수 큰 신발을

신으면 발가락 통증이 덜하다.

* **참고 자료**

이지선, 『다시 새롭게, 지선아 사랑해』, 문학동네, 2010.

담배꽁초

담배꽁초 정도는 길거리 아무 데나 버려도 된다고 생각했다. 이 정도의 불법은 아무것도 아니라고 생각했다. 하지만 교회에서 설교 말씀을 들으면서 성도로서 내가 할 수 있는 태도의 변화는 무엇일까 고민했다. 아주 작은 노력이지만 담배꽁초를 꼭 쓰레기통에 버리기로 했다. 쓰레기통이 보이지 않을 때는 주머니에 넣어 두기로 했다. 담배를 끊는 것이 바람직하겠지만, 아직 그렇게까지는 하지 못하는 내가 할 수 있는 작은 태도의 변화. 담배꽁초를 아무 데나 버리지 않는 행위에서 신앙인으로서의 자부심을 느끼고, '난 괜찮은 사람'이라는 자존감을 갖는다. 예전보다는 불편해졌지만 스스로 인간의 존엄성을 지키는 것 같아 뿌듯하다.

5·18 민주화운동을 보며 죽음을 각오하고 시위에 참여한 사람들이 이해되지 않았다. 아무리 군부 독재가 싫고 민주주의를 실현하려는 열망이 있어도 목숨까지 내놓을 수는 없을 것 같다.

대학생들이나 지식인들이야 민주주의에 대한 깊은 이해가 있었다고 쳐도, 일반인들은 그런 것도 아니었을 것이다. 총 맞을 각오를 하고 시위에 참여할 수 있었던 것은 민주주의가 무엇인지는 잘 모르겠지만 당장 인간답게 살지 못하고 있다는 존엄성의 훼손, 인간 이하의 취급을 당하고 사는 현실 때문은 아니었을까. 조롱과 무시를 당하는 비인격적 상황이 '이렇게는 못 살겠다'는 몸부림으로 죽음까지 각오하게 만든 것이다.

인간적 존엄성을 지키지 못하는 것은 오늘날도 마찬가지다. 질 낮은 일자리에서 아무리 노동을 해도 가난은 계속된다. 일을 하면 할수록 오히려 가난해지는 것이다. 일하는 시간이 늘어나다 보니 자신을 위해 쓸 수 있는 시간도 줄어든다. 돈도 못 벌면서 시간까지 빼앗기는 것이다. 시급이 낮은 일자리에서 가난을 극복하기 위해 무리하게 노동을 하다가 과로로 목숨을 잃기도 한다. 대기업도 사정은 마찬가지다. 월급은 안정적일 수 있지만 과도한 업무량과 야근으로 자신과 가족에게 쓸 시간은 더욱 부족하다. 퇴근 후 업무 때문에 불안하고 걱정해야 하는 시간을 따지면 사실상 최저임금도 받지 못하는 것이다. 정치적 민주화는 진전됐을지도 모르지만 오늘날 한국 사회의 경제 구조 자체에서는 인간의 존엄성을 지키기 어렵다.

쿠팡 일용직 노동자로 살면서 나 또한 잔인한 경제 구조를 온몸으로 겪고 있다. 돈을 벌기 위해 많은 시간을 투자해야만 하지만, 나는 늘 가난하다. 국가에서 규정해 놓은 최소한도인 월 최저임금도 벌지 못하는 것이 나의 현실이다. 비록 일용직 노동자로 살아가도 최소한의 인간적 자존감은 지킬 수 있는 수입과 시간은 보장되는 사회가 되길 바란다. 하루 종일 육체노동을 하고 기다리던 퇴근시간에 담배를 피운다. 하루 일과를 마치고 내뿜는 담배 연기 속으로 답답했던 마음을 시원하게 날려 보낸다. 5·18 총부리 앞에서 목숨을 걸고 '인간답게 살아 보자'고 했던 그들을 기억하며 담배꽁초를 쓰레기통에 넣어 본다.

* **참고 자료**
한강, 『소년이 온다』, 창비, 2014.
이승윤, 『보이지 않는 노동자들』, 문학동네, 2024.
심영희, 「5·18 소설에서 항쟁 주체의 문제-한강 소설 『소년이 온다』의 경우」, 민주주의와 인권(제15권 1호), 2013.

고객님 사람입니다,

 더 이상 할 수 있는 일이 없었다. 쿠팡 일용직이 마지막이라고 생각했다. 차마 인력사무소에 나가 막노동을 할 엄두가 나지 않아 정말 마지막으로 선택한 것이 쿠팡이었다. 하지만 1달 동안 일해서 내게 남은 돈은 10만 원 남짓. 1달에 100만 원 정도의 수입을 얻을 수밖에 없었다. 물론 더 많은 시간을 일할 수도 있었겠지만 체력적으로 도저히 일할 수 없었다. 다리가 아프고, 발가락에 물집이 잡혔으며, 허리와 어깨가 뻐근해졌다. 돈은 안되고, 몸은 아프니 절망감이 몰려왔다. 눈물이 났다. 마지막 직장이라고 생각한 곳에서 희망을 잃었다. 절망감과 함께 위기감이 느껴졌다. 앞으로 돈도 벌 수 없고 사회에서 낙오할까 무서웠다. 나에게 남은 것은 정말 막노동밖에 없는 것일까.

 새벽 2시 30분. 잠을 이룰 수 없어 알바몬 사이트를 열었다. 기준은 3가지. 월급제이면서 퇴직금을 받을 수 있을 것, 직장이 집에서 최대한 가까울 것, 업무 교육이 있다면 교육이 짧을 것.

콜센터, 경비원, 병원물류, 건물 청소 등 무작정 40여 곳에 이력서를 넣었다. 아무 데나 1곳만 걸리면 된다는 생각이었다. 모든 것을 포기했다. 다음날 오전, 뜻밖에도 9곳에서 면접을 오라는 연락을 받았다. 나를 받아 주는 곳이 있다는 사실에 놀랐고, 안도했다. 3가지 기준에 따라 9곳 중 2군데를 골랐다. 공교롭게도 둘 다 저축은행 콜센터였는데 집에서 50분 정도의 거리였고, 한 곳은 업무 교육이 하루, 다른 곳은 4일 교육이었다.

 업무 교육이 1일인 곳에서 면접을 봤지만 합격 문자는 일주일 뒤에 보내 준다고 했다. 업무 교육이 짧은 곳에 다니기 원했지만 면접에서 떨어질 수도 있기에 다른 곳도 면접을 볼 수밖에 없었다. 다행히도 4일 교육인 곳에 합격했고 교육을 받으러 오라고 했다. 이틀째 교육을 받던 도중 업무 교육이 1일인 곳에서 합격 문자가 왔다. 그런데 교육장소가 이상했다. 다시 확인해 보니 현재 교육을 받고 있는 건물과 층 모두 동일했다. 한 사무실에 다른 회사들이 모여 있었던 것. 이런 경험은 처음이었다. 하지만 별문제 될 것은 없다고 생각했다. 교육 쉬는 시간, 죄송하지만 입사를 포기하겠다고 말씀드렸다. 그리고 3일 뒤 같은 사무실로 다른 회사의 새로운 교육을 받으러 갔다.

 교육이 짧은 만큼 업무도 쉬웠다. 처음에는 긴장도 했지만 일주일쯤 지나자 업무에 어느 정도 익숙해졌다. 하루 종일 전화만 걸면 된다. 홈페이지와 앱 등에서 대출을 시도하다가 중간에 그만둔 사람들을 대상으로 전화를 걸어 직장, 소득, 주거형태 등을 묻고 한도조회를 해 주는 간단한 일이다. 월요일과 화요일에는 오후까지 바쁘지만 나머지 요일은 오전이면 업무가 어느 정도 마무리된다. 오후 2시 30분 정도면 한가한 시간을 보낼 수 있다. 총 인원은 11명 정도인데 모두 여자이고 나 혼자 남자다. 나도 나이가 많은 편이라 생각했는데 나보다 어린 사람은 1명뿐이다. 나는 원래 말이 없는 편이고, 직장은 일하는 곳이지 사교모임은 아니라고 생각하기에 구성원이 어떻든 상관없다. 업무와 관련된 말 외에는 최대한 나는 다른 사람과 말을 섞지 않는다.

업무도 쉽고, 오후에는 한가한 시간을 보낼 수 있으며 구성원도 큰 문제가 없다. 주말 근무, 야근도 없다. 그런데 이상하게도 마음이 너무 힘들다. 일하기가 너무나 싫다. 매일 아침 사무실 들어가기가 정말 싫다. 돈을 벌어야 하기에 "고객님 죄송합니다"를 말해야 하지만 그것도 참을 수는 있다. 하지만 오전 9시부터 오후 6시까지의 업무시간은 너무 길고 허망하다. 내가 하고 싶은 일을 하며 살 수는 없을까. 매일 아침 설레는 마음으로 눈 뜰 수는 없을까. 죽을 때까지 매일 아침을 맞이해야 하는데 즐거움과 희망이 가득 찬 하루를 기대할 수는 없을까. 아니면 삶은 원래 괴로운 것인가? 괴로움을 참는 것이 삶이란 말인가? 죽고 싶을 만큼 설레고 싶다.

그녀

　나는 43살 독신. 결혼을 혐오하는 것은 아니지만 적극적으로 결혼을 하고 싶다는 생각도 하지 않는다. 경제적 이유도 부인할 수 없지만 꼭 그렇지 않더라도 결혼의 필요성을 크게 느끼지 못한다. 필수적인 일이라고 생각하지는 않는 것. 여자를 일부러 피하는 것은 아니다. 나는 오히려 요즘 여러 명의 여자들과 만난다. 하루 종일 남자들과도 만나지만 여자들의 숫자를 세어 보면 족히 20명도 넘는다. 정확히 말하자면 만나는 것은 아니고 '그녀'들과 대화를 한다. 결혼을 하는 것보다 오히려 이렇게 여러 명의 여자들과 감정을 교류하는 삶이 더 즐겁게 느껴지기도 한다.
　'그녀'들의 나이대는 다양하다. 19살 학생도 있고, 아이를 낳은 30대 유부녀도 있다. 어쩔 때는 50살이 넘은 여자들과도 통화한다. 여자들과의 대화는 일단 이름을 묻는 것부터 시작한다. 그리고 생일이 언제인지, 직업은 무엇인지 탐색한다. 정확한 회사 이름까지는 묻지 않지만 정규직인지 계약직인지 아니면 사업자

등록증을 내고 자기 사업을 하는지 물어본다. 여기서 그치지 않는다. 연 소득은 얼마나 되는지, 집은 아파트에 사는지, 원룸에 사는지, 자기 소유인지 전세인지 월세인지까지도 묻는다. '그녀'들은 내가 묻는 말에 솔직하면서도 가끔은 떨리는 목소리로 수줍은 듯 답해 준다.

하루 종일 '그녀'들과 얘기를 하다 보면 안타까운 마음이 들 때도 있다. 19살 '그녀'와 대화할 때는 너무나 아쉬운 마음이 든다. 아직 너무 어리기 때문이다. '1살만 더 많았어도' 하는 안타까움이 가시지 않는다. 나는 20살 이상의 여자와만 대화를 이어나가기로 했기 때문이다. 19살의 '그녀'에게 내가 "미안하지만 나이가 너무 어립니다"라고 얘기하면 '그녀'는 너무나 실망하고 낙심한 목소리로 "알겠어요"라고 답한다. 경제적 사정이 딱한 여자들도 많다. 워크아웃까지 신청한 사연도 있고, 아이를 낳아 기르고 있지만 한부모 가정으로 살아가는 '그녀'도 있다. 그러나 '그녀'들은 대체로 매우 명랑하다. 아무런 힘든 일이 없는 듯 즐거운 목소리로 나와 대화한다. 그래서 나는 더욱 마음이 아프다.

솔직히 얘기하자면 '그녀'들이 나와 대화를 이어 가는 이유는 돈 때문이다. 내가 돈을 빌려주는 것은 아니지만 '그녀'들은 돈 문제 때문에 내게 나이와 직업, 사는 곳까지 모두 밝힌다. 심지어 배우자가 있는지까지도 얘기해 준다. 가끔 어떤 여자는 "그럼 나 같은 사람은 어떻게 살아야 하나요?"라고 하소연하기도 한다. 하지만 내가 해 줄 수 있는 말은 없다. 내가 줄 수 있는 것은 나의 미안한 마음뿐이다. '그녀'들과의 짧은 대화를 마치며 내가 똑같이 반복하는 말이 있다. 최대한 정성을 다해, 때로는 귀여운 말투로 나는 '그녀'들에게 속삭인다. "OO저축은행 상담사 곽태경이었습니다."

* 참고 자료
무라카미 하루키, 『여자 없는 남자들』, 양윤옥 번역, 문학동네, 2014.

10분

　사무직 알바를 할 때였다. 사무실은 건물 5층에 있었는데 흡연장은 1층 건물 밖으로 나가야 해서 엘리베이터를 타야 했다. 1층, 3층에는 경찰서가 있고, 2층에는 병원들이 있어 엘리베이터에는 항상 사람이 많았다. 엘리베이터 타는 것만 3~4분. 10분 안에 담배를 피우고 화장실까지 다녀오려면 그야말로 전쟁을 치러야 한다. 빠른 걸음으로 거의 뛰어다니다시피 이동해야 하는 것은 물론 담배 또한 여유롭게 피울 수 있는 것이 아니라 급하게 빨아들이고 내쉬고를 반복해 1~2분 안에 흡연을 마쳐야 한다. 사무실에서는 내가 의자에서 일어난 시간부터 다시 앉기까지의 시간을 기록한다. 10분 안에 다시 컴퓨터 작업을 시작하지 않으면 곧바로 "이석 시간이 너무 길다"라는 관리자의 제재가 들어온다. 내가 담배를 피운 것인지 만 것인지 알 수 없을 정도로 정신이 없다. 업무가 많고 바빠서 10분 제한 시간을 두는 것도 아니다. 바쁜 업무는 오전 11시쯤 모두 끝나고 오후에는 거의 할 일이 없는데도 꼭 쉬는 시간 10분을 지켜야만 한다.

쿠팡 일용직은 담배를 피울 엄두조차 내지 못한다. 우선 물류센터 안에 라이터를 갖고 들어가지 못한다. 화재 위험 때문에 담배와 라이터를 사물함에 넣어 두어야만 한다. 오전에는 점심시간까지 쉬는 시간 없이 일한다. 오후에는 점심을 먹고 12시 30분부터 17시 30분까지 5시간을 일하는데 중간에 10분씩 두 번을 쉰다. 물류센터가 워낙 넓기 때문에 10분 안에 다른 층에 있는 사물함에서 담배와 라이터를 꺼내고 흡연장으로 가서 담배를 피운 뒤 다시 사물함에 라이터를 넣고 물류센터 작업장으로 돌아가는 것은 시간상 불가능하다. 담배는 포기해야 하는 것이다. 이 때문에 나는 쿠팡 일용직으로 일할 때 사탕 10개를 주머니에 넣고 다녔다. 담배가 생각날 때마다 한 개씩 입에 넣었던 것. 반강제적 금연을 한 셈이다.

근로기준법 제54조에는 사용자는 근로시간이 8시간인 경우 1시간 이상의 휴게시간을 근로시간 도중 주어야 한다고 명시하고 있고, 휴게시간은 근로자가 자유롭게 이용할 수 있다고 돼있다. 문제는 이 1시간을 점심시간으로 본다는 데 있다. 오전 9시부터 12시까지 3시간, 오후 13시부터 18시까지 5시간 동안 근로자는 화장실 가는 것도 눈치를 봐 가며 다급하게 해결해야 한다. 흡연자는 더 고통이다. 보장된 휴식시간이 없으니 여유롭게 담배를 피울 수조차 없다. 업무가 많든 적든, 바쁘든 한가하든 무조건

10분 안에 모든 것을 해결해야 한다. 쿠팡의 경우에는 10분 안에 할 수 있는 일은 아무것도 없다. 6~7분 정도 앉아 있을 수 있는 것이 전부다. 20분은 바라지도 않는다. 최소한 15분만이라도 줄 수 없을까. 너무나 비인간적인 10분이다.

최근 콜센터로 이직하면서 또 다른 10분의 악몽이 생겼다. 다행히 사무실은 4층, 흡연장은 5층 옥상이라 10분 안에 담배를 피우는 것은 조금 여유로워졌다. 문제는 지하철역에서 회사 사무실까지 걸어서 10분 거리인데 출근 때 그 10분이 너무나 싫다는 것이다. 지하철역에 내려 사무실로 들어가는 길이 죽을 만큼 싫다. 원인을 모르겠다. 어떤 일이든 좋은 일은 없다. 아무리 쉬운 업무라도 일은 하기 싫은 것이 당연하다. 하지만 콜센터 사무실로 들어가는 10분은 심각하게 마음이 무겁다. 가슴이 답답하고, 불안하고, 우울하다. 그 정도가 얼마나 심한지 이러다가 중병에라도 걸릴 것 같다. 쿠팡 일용직도 해 보고, 막노동은 차마 할 수 없어 마지막으로 선택한 것이 콜센터인데도 사무실 들어가기가 죽기보다 더 싫다. 매일 출근해야 할 생각을 하면 가슴이 답답해 그야말로 터져 버릴 것만 같다. 업무가 어렵거나 바쁜 것도 아닌데도 그렇다. 매일 아침 지하철역에 내리면 엄청난 고통이 시작된다. 신기한 것은 도살장 끌려가는 기분의 10분을 억지로 극복하고 사무실로 들어가 책상에 앉아 업무를 시작하면 마음이 좀 누그러진다는 것이다.

답답한 마음에 대기업을 다니는 친구와 술 약속을 잡았다. 순댓국과 수육을 시켜 놓고 복분자를 한 잔 따르자마자 친구에게 물었다. "넌 어떻게 그렇게 오래 회사에 다닐 수가 있어? 난 새로 일을 배워야 해서 그런지 매일 아침 사무실 들어가기가 죽기보다 싫어 미치겠어" 그러자 친구는 황당하다는 표정으로 답했다. "그거 당연한 거 아니야? 나는 17년을 일했는데 아직도 매일 힘들어. 그리고 넌 작가 아니야?" 친구의 말을 듣다 보니 내가 이상한 사람처럼 느껴졌다. 회사 가는 것이 좋은 사람은 아무도 없겠지만 유별나게 내가 힘들어하는 것일까. 내일 또 출근을 해야 한다. 그래, 10분만 죽어 보자!

알바는 신의 직장이다

　　기자를 그만두고 20번이 넘는 알바를 했다. 고시원 총무, 손걸레 청소, 편의점, 면세점 물류, 저온 물류센터, 쿠팡 일용직, 택배 상하차, 휴대전화 케이스 공장, ATM 기기 관리, 콜센터, 물류창고, 백화점 물류, 택배기사 배송 보조 등의 일을 했다. 물론 원해서 한 일은 아니었다. 취업이 되지 않았다. 당장 돈이 급했다. 처음에는 '죽어도 알바는 못한다'고 생각했지만, 15년이 지난 지금 알바는 분명 '신의 직장'이라고 확신한다.

　　알바는 보통 최저임금을 받는다. 그러나 업무 스트레스를 생각해 보자. 4년제 대학교 졸업생 정규직을 뽑는 대기업에 다닌다면 퇴근을 해도 퇴근한 것이 아니다. 퇴근 후에도 오늘 내가 한 업무에 실수는 없었는지 불안하다. 내일 출근해서 해야 할 업무를 생각하면 가슴이 답답하다. 매일 아침 잠자리에서 일어나 눈 뜨는 것이 죽기보다 싫다. 퇴근 시간은 정해져 있지만, 퇴근을 했어도 업무를 하는 셈이다. 그 시간까지 고려한다면 대기업 정규직도 사실상 최저임금이다. 오히려 최저임금보다 덜한 돈을 받는 것이다.

알바 업무는 걱정이 없다. 업무 중 실수를 해도 큰 부담이 없다. 알바 채용공고를 보라. 학력 제한이 없다. 보통 고졸 이상이면 누구나 입사할 수 있다. 그만큼 업무가 쉽다는 얘기다. 퇴근 후 내가 오늘 업무 중 실수를 했는지 걱정할 필요가 없다. 다음날 출근도 부담이 없다. 물론 대기업 정규직이 받는 연봉과 알바가 받는 월급은 절대적인 금액에서 차이가 있을 수밖에 없지만, 업무 스트레스를 생각하면 손해는 아니다. 알바가 끝나면 업무 걱정은 전혀 없는 나만의 시간을 가질 수 있기 때문이다.

사람 스트레스도 없다. 알바는 일반 정규직처럼 정년을 생각하며 입사하지 않는다. 언제든 퇴사할 수 있다는 생각으로 일한다. 같은 사무실에서 일하는 사람들을 크게 신경 쓰지 않아도 되는 것이다. 퇴사가 빈번하고, 입사도 잦다. 누가 일을 그만두든, 신입사원이 들어오든 별 의미가 없다. 나에게 주어진 업무를 하고 월급만 받으면 그만이다. 소속감도 없을 뿐 아니라 동료에 대한 유대감도 없다. 많은 사람들이 업무는 견딜 수 있지만 사람 스트레스 때문에 회사 출근을 괴로워한다. 그러나 알바는 그런 걱정이 없다. 승진이라는 개념도 없기 때문에 상사의 눈치를 볼 필요도 없고, 회식도 거의 없다.

가장 큰 문제는 사회적 인식이다. 누군가 "너는 직장이 어디야?"라고 묻는다면 목소리가 작아질 수밖에 없다. 네이버, 신라호텔, 롯데, GS, 쿠팡, OK저축은행 등 대기업 이름을 얘기할 수도 있지만, 사실 나는 도급사에 소속돼 있기 때문이다. 그래서 "그냥 회사 다녀" 또는 "사무실에서 일해" 등으로 얼버무리고 만다. 대기업에서 기대할 수 있는 복지는 꿈도 꿀 수 없고, 결혼도 사실상 어렵다. 법적으로 보호받지 못할 가능성도 크다. 4대보험이 가능하고 퇴직금을 주면 그나마 다행이다.

글쓰기를 시작했다. 책을 출간했다. 견딜 수 없었다. 누가 묻지도 않고, 나에게 큰 관심도 없지만 나 자신이 나를 용납할 수 없었다. 베스트셀러가 되지 않아도 좋다. 책을 읽고, 글을 쓰고, 내 이름으로 된 나만의 책이 있다는 자부심이 있다. 최대한 일을 적게 하고 많은 돈을 버는 것이 옳다고 믿는다. 그렇다면 알바를 하면서 최대한 돈은 쉽게 벌고 내가 하고 싶은 일인 글쓰기 시간을 확보하는 것이 바람직하다. 알바의 가장 큰 문제인 사회적 인식을 글쓰기로 극복하고 경제적 문제는 손쉬운 방법인 알바를 통해 해결하는 것이다.

알고 있다. 억지다. 그래도 괜찮다. 그래서, "너는 직업이 뭐야?" "나는 작가야."

3. 하나님 나라

내려놓음

　시간을 하나님 앞에 내려놓기로 한다. 시간을 생각하며 초조, 불안, 우울한 감정을 갖지 않을 것이다. 내 미래의 시간은 하나님의 때에 하나님의 계획대로 정확하게 결정될 것이다. '시간이 아깝다', '의미 있는 삶을 살고 있는가' 등을 걱정할 필요가 없다. 내가 시간을 아낀다고 아껴지지도 않는다. 중요한 것은 하나님은 선한 목자라는 것. 미래의 삶에 하나님의 선하신 계획이 이루어질 것을 확신한다. 나의 계획대로 된 적이 한 번이라도 있었는가. 상황은 매번 바뀌고 예상은 빗나갔다. 하나님의 선하신 뜻이 어떻게 내 삶에 이루어질지 설레는 마음으로 기대하자. 하나님은 내가 잘 되기를 바라시고, 내가 승리하기를 원하시며, 내가 행복하기를 원하신다. 하나님은 나를 사랑하신다.

　가족 또한 하나님께 내려놓는다. 나는 가족을 지킬 능력이 없다. 가족의 건강을 책임질 수 있는 방법이 내게는 없다. 내가 할 수 있는 일이라고는 엄마의 대학병원 진료 예약 날짜를 잡아

드리는 것뿐이다. 동생과 제수씨와 조카의 건강을 내가 해결할 수 있는 방법도 없다. 내 건강 또한 마찬가지다. 단순히 건강이 아니더라도(있어서는 안 될 일이지만) 어떤 사고가 일어나 생명이 위험해질 수도 있다. 나를 포함해 우리 가족의 생명을 하나님께 맡긴다. 예수님은 자신의 생명을 십자가에 내려놓으셨다. 나의 생명을 예수님의 십자가에 못 박으면 나는 진정한 자유를 얻을 수 있다.

하나님의 뜻도 내려놓는다. 하나님의 뜻이 무엇인지 조급해하며 기도할 필요가 없다. 하나님은 자신의 뜻을 나에게 알려 주시기를 원하신다. 내가 노력한다고 하나님의 뜻을 알 수 있는 것도 아니다. 하나님께서 원하시는 때에 내게 알려 주실 것이다. 내가 해야 할 일은 주일예배를 드리고 QT를 하고, 기도하며 성경을 읽는 것이다. 이 또한 하기 싫으면 안 해도 된다. 하나님께서 기도하려는 마음을 주실 때, 성경 읽으려는 마음을 주실 때 기도하고 성경을 읽으면 된다. 하나님의 뜻을 알게 됐을 때 순종할 수 있는 믿음 또한 하나님께서 선물로 주시는 것이다. 내가 해야 할 일은 아무것도 없다. 내 스스로 하나님을 믿는다는 것은 불가능하다.

하나님을 믿는 이유 또한 내려놓기로 한다. 건강, 돈, 행복 등의 이유로 나는 하나님을 믿지 않을 것이다. 하나님께서 나에게 믿음 주신 이유는 십자가의 사랑으로 내가 의인이 돼 구원받기를 바라셨기 때문이다. 예수님을 닮아 거룩한 삶을 살아가라고 하나님의 사랑을 알게 하신 것이다. 행복보다 더욱 중요한 것은 거룩이라고 믿는다. 거룩한 삶을 살 때 하나님께서는 내게 참된 자유와 평안을 주신다.

    쉽지 않을 것이다. 그래도 교회 열심히 다니면 돈도 많이 벌고, 건강해지고, 편안한 삶을 살았으면 좋겠다는 마음이 든다. 하지만 예수님의 십자가를 생각하면 예수님께 더 이상 내 요구를 말씀드릴 수가 없다. 나 때문에 생명을 희생하신 예수님께 돈을 더 달라고 할 수는 없지 않은가. 나는 이제 막 내려놓기를 시작했다. 내려놓음조차 내 의지로 내려놓을 수 없다. 하나님을 신뢰한다.

* 참고 자료
이용규, 『내려놓음』, 규장, 2021.
이용규, 『더 내려놓음』, 규장, 2012.

계시

　나는 신을 모른다. 신에게 다가갈 수조차 없다. 나의 노력으로는 감정으로든, 이성으로든 그를 알 수 없다. 나는 인간이지만, 그는 무한하고 거룩한 신이기 때문이다. 그래서 내가 신을 알기 위해 하는 모든 노력은 헛수고일 뿐이다. 신을 알 수 있는 방법은 내게는 없다. 오직 신이 나에게 다가와야만 한다. 신이 내가 알 수 있는 방법으로 나에게 와 줄 때에만 나는 신을 느끼고, 인식할 수 있다. 다행히도 하나님은 내가 그분을 알 수 있는 방법을 마련해 주셨다.
　우주, 태양과 달과 별, 하늘과 땅, 꽃과 나무, 눈과 비, 인간과 동물, 식물 등은 모두 하나님의 창조물이다. 나는 하나님이 만드신 것들을 보며 하나님을 알 수 있다. 봄날 시원한 바람은 하나님이 내게 주신 것이다. 밤 하늘의 반짝이는 달과 별 또한 하나님의 은혜다. 따뜻한 햇볕도 하나님께서 내려 주신 것이다. 이뿐만이 아니다. 하나님은 이 모든 것을 창조하시고 돌보기까지 하신다.

우주는 움직이고 있으며, 계절이 변하고, 밤과 낮이 변한다. 온갖 동물과 식물이 자라난다. 인간의 역사 또한 하나님의 계획 아래 있다. 이 모든 것이 하나님의 섭리다. 나를 둘러싼 시간의 흐름과 공간의 변화, 사건들은 모두 하나님의 계획이다.

이 정도 만으로도 나는 하나님의 무한하신 사랑과 은혜에 감동한다. 하지만 하나님과 인격적인 관계에 들어서지는 못한다. 내가 하나님의 아들이 되고, 하나님을 아버지라 부르기 위해서는 이보다 더한 것이 필요하다. 열쇠는 바로 성경에 있다. 하나님은 성경을 통해 자신을 알 수 있도록 해 주셨다. 나를 살리기 위해 노아에게 방주를 만들라고 하셨고, 아브라함을 부르셨으며, 모세가 홍해를 가르도록 했다. 그리고 마침내 하나님의 아들인 예수님을 이 땅에 보내 온갖 모욕을 받으며 십자가에서 죽게 하셨다. 나는 성경을 읽으며 모든 세상이 날 버려도 하나님은 끝까지 나를 사랑하신다는 것을 알 수 있다. 내가 나를 포기해도 하나님은 나를 포기하지 않으신다. 하나님은 사랑이시기 때문이다.

그러나 시원한 바람만 불어오는 것은 아니다. 너무나 차가운 칼바람이 불 때도 있고, 세찬 비바람이 몰아칠 때도 있다. 내가 의도하지 않은 나쁜 일이 생기기도 한다. 감정의 변화는 더욱 심하다. 순간순간 불안감이 몰려오고, 우울하기도 하다. 이렇게 불안할 때 인간은 만족이 필요하다. 그것이 음식이든, 쇼핑이든, 지적 만족이든 만족하면 일단 불안은 누그러진다. 하지만 그때뿐이다. 나를 만족시켜 주는 이 세상의 모든 것들은 불완전하다. 만족은 더 큰 만족을 필요로 한다. 방법은 없다. 이 세상을 주관하시고, 나의 삶을 이끄시는 하나님으로 만족하는 것 외에는 삶의 불안을 극복할 수 없다. 소망은 오직 하나님께 있다.

"내 영혼아 네가 어찌하여 낙심하며 어찌하여 내 속에서 불안해하는가 너는 하나님께 소망을 두라(시편 42편 5절)"

* **참고 자료**
마틴 로이드 존스, 『성부 하나님과 성자 하나님』, 임범진 번역, 부흥과개혁사, 2007.
박형진, 『낙심과 불안이 찾아올 때』, 창동염광교회 주일예배, 2023.

신의 정당성

"모든 일을 그의 뜻의 결정대로 일하시는 이의 계획을 따라 우리가 예정을 입어 그 안에서 기업이 되었으니"(에베소서 1장 11절) 하나님은 세상이 만들어지기 전부터 나의 탄생과 삶에 대한 계획을 갖고 계셨다. 나는 하나님이 의도한 목적대로 살아가고 있으며, 이러한 하나님의 계획은 완벽하고, 확실하며, 후회가 없는 것이다. 나를 둘러싼 환경 또한 마찬가지다. 내게 일어나는 우연으로 보이는 사건들 역시 하나님의 틀림없는 계획이며, 하나님의 작정이다. 내가 어떤 상황에 놓여 있든 그것은 하나님의 뜻이다.

그렇다면 지금 바로 이 순간, 나의 생각과 행동과 말 또한 창세전부터 계획하신 하나님의 뜻이라는 말이 된다. 즉, 지금 내가 글을 쓰기 위해 키보드를 누르는 손가락의 움직임 또한 창세전에 하나님이 계획하신 일이라는 말이다. 물론 나는 완벽하게 자유롭다. 내 마음대로 생각하고 행동한다. 결국, 나는 완벽하게 자유로우면서 동시에 완벽하게 예정된 삶을 살고 있는 것이다. 나의 미래에 어떤 일이 생길지 나는 모르지만, 하나님은 모두 알고 계신다. 나의 삶은 하나님이 정하신 목표를 향해 나아가고 있다.

문제는 내가 악한 일을 할 때다. 인정하기 어려울 수도 있지만, 내가 행하는 악한 일 역시 하나님의 통제 아래 있다. 하나님이 허락하지 않으신다면 나는 죄를 지을 수 없다. 로마서 9장 18절은 "그런즉 하나님께서 하고자 하시는 자를 긍휼히 여기시고 하고자 하시는 자를 완악하게 하시느니라"라고 말하고 있다. 그러나 내가 죄를 짓는다면 이것은 나의 뜻대로 죄를 지은 것이라는 말도 된다. 나는 완벽하게 자유롭기 때문이다. 그러므로 죄의 책임에서 벗어날 수는 없다. 죄를 지은 것도, 이에 따른 죄책감을 느끼는 것도 내가 자유롭기 때문이다.

또한 나에게 나쁜 일이 생긴다면 그것도 하나님의 통제 아래서 일어난 일이다. 나에게 다가오는 모든 사건은 우연이 아니다. 그러나 걱정할 것은 없다. 당장 내가 나쁜 일을 겪는다 해도 "모든 것이 합력하여 선을 이룰 것(로마서 8장 28절)"이기 때문이다. 창세기 50장 20절에서 요셉은 "당신들은 나를 해하려 하였으나 하나님은 그것을 선으로 바꾸사"라고 말하고 있다. 지금 이 순간 나의 감정이 불안하고, 우울하고, 고통스럽다고 할지라도 이 모든 것은 하나님의 계획 아래 있는 것이며, 하나님은 결국 '악'조차도 '선'으로 바꾸실 것이다.

나의 지금 이 순간의 말과 생각과 행동 그리고 내가 현재 있는 장소와 시간은 모두 창세전에 하나님이 계획해 놓으신 것이다. 나에게 다가오는 모든 사건들 또한 하나님의 계획이다. 당장의 현실을 생각하면 억울한 부분도 있고, 원망스러운 것도 있지만 어쩔 수 없다. 그러나 두려워할 것은 없다. 하나님이 나를 사랑하신다는 것보다 더 확실한 것은 없기 때문이다. 결국, '나'라는 존재는 곧 '신의 정당성'이다.

"하나님이 우리를 사랑하시는 사랑을 우리가 알고 믿었노니 하나님은 사랑이시라 사랑 안에 거하는 자는 하나님 안에 거하고 하나님도 그의 안에 거하시느니라"(요한1서 4장 16절)

* **참고 자료**
마틴 로이드 존스, 『성부 하나님과 성자 하나님』, 임범진 번역, 부흥과개혁사, 2007.

크리스마스

　내가 낳을 아들이 '하나님의 아들'이라면 어떤 기분일까? 예수님을 낳은 마리아처럼 어느 날 나에게 "너는 앞으로 아들을 한 명 낳을 텐데 그 아들이 바로 하나님의 아들이다"라는 천사의 음성을 듣게 된다면 어떨까. 엄청나게 부담스러울 것 같다. 온 우주와 만물을 창조하신 거룩하고 완전한 의이신 하나님의 아들 즉, 신을 아들로 둔다는 것은 분명히 나 같은 사람이 감당할 수 있는 일이 아니다.

　당장 오늘 아침 출근하는 만원 지하철에서도 출입문 쪽 기댈 수 있는 자리를 빼앗기지 않기 위해 나를 밀어내는 사람들을 똑같이 밀어냈다. 있는 힘을 다해 버텼다. 내가 편하기 위해서였다. 아르바이트하는 곳에서도 다른 사람들을 무시하고 있다. 겉으로 내색은 하지 않지만 '내가 이런 곳에서 일해야 하는 사람은 확실히 아니다'라고 생각하며 나를 치켜세우고 있다.

　나는 매달 3만 원씩 유니세프 자동 결제를 등록해 놓고 만족하는 사람이다. 실제 행동으로는 봉사라는 것을 하지 않는다. 사람들을 섬기기보다 나 자신만의 이익을 추구한다. 나는 손해 보는 일은 절대 하지 않으려 한다. 어떻게든 내가 이익이어야 하고 내가 이겨야 한다. 가끔 양보 같은 것도 하지만, 사실은 나중에 더 큰 이익을 가져가기 위한 큰 그림일 뿐이다. 그렇다. 나는 이기적이다. 이웃을 사랑하지 않는다.

이런 내가 신을 아들로 둘 자격은 전혀 없다. 마리아도 그렇지 않았을까? 그런데 하나님은 아들이 아니라 오히려 아예 내 존재 안에 성령을 부어 주셨다. 나의 존재 그 자체에 신 즉, 예수님을 항상 함께 하도록 하신 것이다. 하루종일 예수님과 1대 1로 얼굴을 맞대고 있는 것과 같다. 내 의지와 관계 없는 일방적인 하나님의 계획이었다.

예수님은 내가 얼마나 이기적인지 알고 계신다. 내가 아무것도 내세울 것이 없다는 것을 예수님은 알고 계신다. 아무런 자격도 없는 나를 위해 예수님이 이 땅에 오셨고, 십자가에서 죽으셨다. 나를 살리기 위해서였다. 그 예수님이 내가 이기심을 부릴 때마다, 나와 항상 함께 하시며 말씀하신다. "내가 너를 사랑한다."

"누가 우리를 그리스도의 사랑에서 끊으리요 환난이나 곤고나 박해나 기근이나 적신이나 위험이나 칼이랴"(로마서 8장 35절)

* 참고 자료
마틴 로이드 존스, 『마틴 로이드 존스의 내 구주 예수』, 홍종락 번역, 두란노서원, 2021.

완벽한 삶

내 삶은 완벽하다. 기쁨도 슬픔도 모두 창세 전 하나님의 계획이기 때문이다. 그렇다고 불평과 불만이 없다는 말이 아니다. 욕구가 없다는 말도 아니다. 내가 순간순간 갖는 모든 감정 또한 하나님의 섭리 아래 있으므로 완벽하다는 것이다. 내가 현재 겪고 있는 아픔들, 문제들 역시 하나님의 뜻이다. 하나님은 내 삶을 통해 그 뜻을 이루어 나가고 계신다. 중요한 것은 하나님은 나를 사랑하신다는 사실이다. 하나님은 예수님을 보내셔서 자신이 죽기까지 나를 사랑하셨다. 사랑의 하나님이 이끄는 나의 삶은 결국 모든 것이 합력하여 선을 이룰 것이다.

나는 완전한 죄인인 동시에 완전한 의인이다. 하나님은 죄를 용납하실 수 없다. 죄는 처벌받아야만 한다. 동시에 하나님은 사랑이시므로 죄를 용서하셔야만 한다. 이 모순을 예수님을 십자가에서 죽게 함으로써 해결하셨다. 나의 죄를 하나님 스스로 십자가에서 죽으심으로 처벌하셨고, 내가 그 십자가를 믿음으로

의인이 되게 하셨다. 나는 매일 예수님을 십자가에 못 박고 있다. 나의 삶은 곧 예수님을 십자가에서 죽게 하는 동시에 의를 실현하고 있는 과정이다. 물론 예수님은 부활하셔서 승천하셨고, 나는 이미 승리한 싸움을 싸우고 있을 뿐이다.

그렇다면 나의 삶은 십자가의 자기희생이 드러나는 모습이어야 마땅하다. 그러나 나는 그렇게 살지 못하고 있다. 나는 나를 희생하려고 하지 않으며, 짜증도 쉽게 내고, 속으로 욕도 한다. 그 누구보다도 이기적으로 살고 있다. 약자를 희생시켜 나의 이익을 챙기고, 강자에게는 비굴한 모습을 보이기도 한다. 모든 사람을 사랑으로 대해야 하지만, 난 그렇지 못하다. 그럴 마음의 여유가 없다. 내가 살아야 하는 것이 먼저다. 그러나 이러한 나의 모습을 하나님은 바꾸어 나가실 것이다. 때로는 꾸짖으시고, 때로는 위로해 주기도 하시면서 결국 하나님이 원하시는 사람으로 만들어 나가실 것이다. 사랑의 하나님을 신뢰한다.

* **참고 자료**
팀 켈러, 『팀 켈러의 방탕한 선지자』, 홍종락 번역, 두란노서원, 2019.

신앙

　신앙은 사랑의 감정이다. 절대적인 신이 항상 나를 사랑하고 있음을 느끼는 것. 그것이 신앙이다. 하나님이 없다면 우주 속에서 나라는 존재는 아무 의미도 없다. 철저히 혼자이며 외롭고 고독한 존재인 것이다. 그러나 하나님은 나를 홀로 내버려두지 않으셨다. 혼자 있을 때도 나를 사랑하는 가족이 있다고 믿듯이 아무리 깊은 고독 속에 빠져 있을 때라도 하나님이 나를 사랑하고 있다는 사실에는 변함이 없다. 때로는 가족이 있어도 외롭다. 연애를 해도 고독감은 사라지지 않는다. 하지만 절대 불변의 하나님은 항상 나를 사랑하고 있다. 누군가가 나를 절대적으로 사랑하고 있다는 것을 알고 느끼는 것이 신앙이다.

　또한 신앙은 확실성이다. 미래는 누구도 알 수 없다. 그래서 불안하다. 아무것도 예측할 수 없으며 정해진 것은 아무것도 없다. 그야말로 백지상태, 진공 상태인 것이다. 신앙이란 이러한 불확실성을 확실성으로 바꾼다. 어떤 사건이 일어날지는 알 수 없다. 하지만 어떤 사건이 일어나든 그 사건은 나를 사랑하는 하나님이 나에게 허락한 가장 완벽한 것이다. 좋은 일을 만나면 좋아하면 된다. 나쁜 일을 당하면 고통 당하면 된다. 그러나 그 고통은 아무런 목적 없이 내게 주어진 것이 아니라 나의 상황에 가장 필요하기 때문에 나에게 허락된 것이다. 고통 속에서도 하나님의 뜻을 발견하고 사랑을 느낄 수 있다. 그러므로 나에게 다가오는 모든 사건은 좋은 일이다. 하나님의 사랑으로 가득 찬 일만 내 삶에 허락되는 것이다.

그러나 하나님의 사랑을 받기 위해 내가 해야 할 일은 전혀 없다. 복을 받고 좋은 일이 생기도록 노력할 필요가 없는 것이다. 하나님이 나를 사랑하는 것은 내 의지와는 무관하다. 이 세상이 생기기 이전부터 하나님은 나를 탄생시킬 계획을 하셨고 사랑하기로, 구원하기로 작정하셨다. 나를 사랑하기로 한 것은 전적으로 하나님의 의지다. 내가 해야 할 일은 내 삶을 살아가는 것이다. 내게 주어진 일을 하고, 나에게 다가오는 사건들 속에서 하나님의 사랑을 느끼며 때로는 행복하고 때로는 고통을 견뎌내는 것이다. 하나님이 나에게 어떤 삶을 계획하고 있는지는 알 수 없다. 모든 일은 하나님의 계획 속에 있겠지만 나는 그 계획을 알 수 없기에 기도하고 간구하게 하실 것이다. 하지만 분명한 것은 하나님은 자신이 죽기까지 나를 사랑하며 그 사랑은 절대로 변하지 않는다는 것이다. 모든 일은 합력하여 선을 이루고 결국 하나님의 뜻대로 될 것이다. 하나님은 사랑이시다.

내가 죄인이라고?

내가 왜 죄인인가? 교회에서는 내가 구제불능에 빠진 죄인이라고 말한다. 특별히 법을 어기며 살아온 것도 아니다. 내가 죄를 짓는 것이 있다면 담배꽁초를 아무 데나 버리는 정도다. 그래서 재수 없으면 5만 원씩 벌금을 내기도 한다. 가끔 속도위반 벌금도 내는데 이것 외에는 나는 법 없이도 살 수 있는 사람이다. 한없이 착한 마음을 가졌다고 할 수도 없지만 그렇다고 아무리 생각해도 나는 나쁜 사람은 아니다. 길거리에서 모르는 사람이 도움을 청하면 기꺼이 도와줄 마음도 있다. 이런 내가 왜 죄인이란 말인가.

문제는 삶이 괴롭다는 것이다. 돈은 모아도 모아도 부족하다. 월급이 워낙 적기도 하지만 아껴 쓴다고 가계부도 써 보고 쇼핑도 안 하고, 먹고 싶은 것도 참는데 결국 한 달 카드 내역서를 보면 항상 화가 난다. 가끔은 월급이 너무 적어 눈가가 촉촉해질 때도 있다. 돈이 없는 현실이 비참한 것이다. 그뿐인가. 올해 칠순이신 어머니가 더욱 늙으시면 어떡하나. 아버지는 2년 전에 돌아가셨고, 이제 어머니 혼자 남았는데 어머니마저 기력을 잃으시면 너무나 힘들 것 같다. 그래도 아버지께서 재산을 조금 남겨 놓고 가신 것은 다행이지만 남은 삶을 살아가야 할 것을 생각하면 너무나 고통스럽다. 동생이 있기는 하지만 동생은 가족을 꾸려 나가 살고 있기에 나는 결국 혼자 남게 된다.

글쓰기를 하며 살아가고 있다고는 하지만 알바를 하는 현실은 또 어떤가. 월급을 주기 때문에 하고 있기는 하지만 하루 종일 시간을 낭비하는 것 같아 허망하다. 노동에서 아무런 자부심을 느낄 수 없고, 쓸데없는 일로만 느껴진다. 그런데도 당장 다른 대안이 없다. 이 나이에 어디 취직할 수도 없고, 사업을 시작할 돈도 열정도 없다. 알바가 편하기 때문에 하기는 하지만 돈이 없어 알바를 하고 있다는 현실이 너무나 괴롭다. 현실은 우울하고 미래는 불안한 것이다.

여기서 죄의 문제가 나타난다. 죄는 죽음이다. 죽는다는 것 자체가 죄인 것이다. 성경은 아담이 하나님께 범죄 하지 않았다면 인간은 육체의 죽음을 경험하지 않았을 것이라고 말한다. 설령 성경을 믿지 못한다 하더라도 나의 하루하루가 죽음을 향해 나아가고 있다는 사실에는 변함이 없다. 살아간다는 행위 자체가 허망하다. 살기 위해 적은 돈이지만 월급을 받지만 돈은 벌어 무엇 하나. '그냥 당장 죽을까' 하는 생각도 스친다. 죽음 때문에 겪어야 하는 괴로움, 비참함, 불안과 우울 그 자체가 죄인 것이다.

또한 하나님이 나의 주인이 아니라 내 삶을 스스로 결정하는 것이 죄다. 자기중심성, 이것이 바로 죄의 본질인 것이다. 아담과 하와는 하나님의 뜻을 거부하고 자신의 삶을 스스로 결정하기로 결심해 선악과를 따 먹었다. 하루 종일 알바를 하며 '내가 이런 곳에서 일할 사람이 아닌데…' 등의 생각을 하며 괴로워한다. 얼마나 이기적이고 자기중심적인가. 괴로움의 원인이 바로 나 자신만을 생각하는 이기심에 있는 것이다. 그럴 것이 아니라 '하나님께서 주신 일에 감사하고, 나의 동료들을 섬기고 사랑하자'라는 생각을 갖고 살면 조금은 행복해지지 않을까? 그러나 이러한 생각이 가능하려면 견고하고 단단한 자기애를 내려놓아야만 한다. 이기심이 사라지면 시기와 질투도 없다.

결국 나는 죄인이다. 죽음을 생각하고 자기중심성을 따져보면 구제불능의 죄인이 맞다. 내 삶 속에서 느껴지는 고통을 생각하면 생각할수록 죄의 깊이는 더욱 깊어진다. 우울과 불안을 해결할 방법이 내게는 전혀 없기 때문이다. 가끔은 살아가는 것 자체가 죽고 싶을 정도로 힘들고 괴롭다. 특별히 힘든 일이 있는 것도 아닌데도 그렇다. 결국 인간에게는 희망이 없다. 그래서 예수님이 필요하다. 예수님은 죽음을 생명으로 옮겨 놓으셨다. 나에게는 천국이 기다리고 있다. 또한 예수님은 자기중심성에서 벗어나 이웃을 사랑할 수 있는 힘을 주신다. 예수님이 나를 위해 스스로 목숨을 희생하셨다는 사실, 나를 끝까지 사랑하신다는 사실이 내 삶의 목표를 '나'가 아닌 '하나님'으로 바꿔 놓는다. 나를 위해 사는 것이 아니라 하나님을 위해 살아간다. 죄의 깊이가 깊으면 깊을수록 하나님의 은혜는 무한히 커진다.

* **참고 자료**
마틴 로이드 존스, 『성부 하나님과 성자 하나님』, 임범진 번역, 부흥과개혁사, 2007.

거듭남

허망하다. 삶이란 죽음을 향해 나아간다는 절대적 사실이 하루하루를 허무하게 만든다. 나의 이기심과 욕심 또한 불안과 우울만 가져올 뿐이다. 아무리 똑똑하고 잘난 사람이 되어 보겠다고 이기적인 삶을 살고 욕심을 부려봐야 매일의 삶은 고통밖에 남지 않는다. 인간의 삶, 즉 나의 본성은 허무, 불안, 우울, 죽음 외에 다른 것이 아니다. 나라는 존재는 죄 덩어리일 뿐이다. 죄의 결과는 죽음이기 때문이다.

하나님께 기도했다. 불안하지 않게 해 달라고, 우울하지 않게 해 달라고 울면서 기도했다. 평안을 달라고도 했다. 나의 목표와 계획이 잘 이루어질 수 있게 해 달라고 했다. 하지만 이는 잘못된 기도였다. 내 삶의 주도권을 내가 가진 채 내가 하는 일을 잘 되게 해 달라고 기도했기 때문이다. 마치 삶이라는 자동차를 내가 운전하고 있으면서 하나님이 조수석에 앉아 부적이 돼 달라고 한 것과 같았다.

이제는 안다. 거듭남이란 내가 자동차의 운전석에서 내려오고 하나님이 내 삶의 운전대를 잡으시는 것이란 사실을. 내 삶은 내 것이 아니다. 하나님의 것이다. 하나님이 왼쪽 깜빡이를 켜실 수도, 오른쪽 깜빡이를 켜실 수도 있다. 가끔은 후진을 하실 수도 있다. 중요한 것은 하나님은 자신의 아들을 죽이기까지 나를 사랑하신다는 것이다. 내 삶을 전적으로 하나님께 맡기는 삶, 온전한 자기 부인의 삶이 바로 거듭남이다. 나의 온 존재를 기울여 나의 존재를 부정해야 한다. 내 삶을 내 노력으로 살아가려는 이기심과 욕심을 모두 버려야 한다.

결국 나의 존재를 예수님의 십자가에 못 박아야 한다. 나의 본성인 죄를 십자가에서 죽이고 그 자리에 부활하신 예수님의 생명을 가져와야 한다. 철저히 나 자신을 부정하고 하나님께 모든 것을 맡길 때 세상이 알 수 없는 생명과 평안, 소망을 누리게 되는 것이다. 이기심과 욕심이라는 죄의 본성이 십자가에서 죽음으로 나는 의인이 된다. 죽음을 향해 달려가던 나의 하루하루는 영생으로 극복된다. 예수님의 십자가는 죄와 죽음의 문제를 단번에 해결해 주시는 것이다.

"내가 그리스도와 함께 십자가에 못 박혔나니 그런즉 이제는 내가 사는 것이 아니요 오직 내 안에 그리스도께서 사시는 것이라 이제 내가 육체 가운데 사는 것은 *나를 사랑하사 나를 위*

하여』 자기 자신을 버리신 하나님의 아들을 믿는 믿음 안에서 사는 것이라"(갈라디아서 2장 20절)

내 삶의 주도권을 하나님께 내어 드리는 삶은 두 가지 질문만 해결하면 된다. '하나님을 사랑하는 일인가?', '이웃을 사랑하는 일인가?' 이 두 개의 질문을 매일 매 순간 던지며 하나님의 뜻에 맞는 선택을 하는 삶이 바로 하나님께 모든 것을 내어드린 삶이다. 예수님은 나 같은 사람을 살리시기 위해 십자가에서 온갖 모욕을 당하며 죽으셨다. 나는 다른 사람을 위해 모욕을 받을 수 있는가? 자존심을 꺾으며 내 주변 사람들을 위해 희생할 수 있는가? 아직도 갈 길이 멀다. 내가 하지 못하는 것을 하나님은 하실 수 있다. Sola Fide!

* 참고 자료
화종부,『내 하나님이여 내 하나님이여 어찌 나를 버리셨나이까?』, 분당우리교회 고난주간특별부흥회, 2018.
이재철,『이재철 목사의 로마서』, 홍성사, 2016.

추도예배 I

[청량리 롯데부동산 사무실에 계신 아빠]

지금 우리 곁에 아빠는 없습니다. 그런 아빠를 기억하기 위해 이 자리에 모였습니다. 하나님은 우리 가족이 하나님을 믿는 믿음을 주셨습니다. 그런데 왜 하나님께서는 아빠를 이렇게 일찍 천국으로 데려가셨을까요? 하나님은 왜 우리에게 고통을 주실까요?

분명한 것은 우연은 없다는 것입니다. 모든 것은 하나님의 계획이고 뜻입니다. 에베소서 1장 11절은 이렇게 말씀하십니다. "모든 일을 그의 뜻의 결정대로 일하시는 이의 계획을 따라 우리가 예정을 입어 그 안에서 기업이 되었으니". 모든 것이 하나님의 계획이라면 우리 아빠가 지금 우리 곁에 없는 것 또한 창세 전부터의 하나님의 계획 속에 있었다고 할 수밖에 없습니다. 우리는 하나님의 큰 계획을 이해할 수 없습니다. 너무나 고통스럽고, 하나님이 원망스럽지만 하나님은 아빠를 천국으로 데려가시기로 작정하셨습니다. 우리가 해야 할 일은 하나님께 위로를 구하는 것뿐입니다. 고통스럽고 원망스럽지만 하나님의 큰 뜻에 따라야 할 수밖에 없습니다. 기도하며 위로를 구하는 것밖에 할 수 있는 일은 없습니다.

이렇게 고통스럽고, 하나님이 원망스러운 일이 일어나는데 이런 하나님을 어떻게 믿을 수 있을까요? 우리의 고통 역시 하나님이 허락하신다면 왜 우리가 하나님을 믿어야 할까요? 우리가 하나님을 믿을 수밖에 없는 이유는 예수님의 십자가 때문입니다. 예수님의 십자가가 무엇입니까? 바로 사랑입니다. 하나님은 자신의 아들 예수님을 십자가에서 죽이셨습니다. 그 이유는 바로 우리를 구원하기 위해서였습니다. 조금이라도 죄가 있다면 우리는 하나님과 교제할 수조차 없습니다. 하지만 하나님은 우리를 의인으로 만들기로 작정하셨고, 예수님을 죽이시기까지 우리를 사랑하셨습니다. 그런데 더욱이 그 하나님의 사랑은 끊을 것이 없다고 합니다. 로마서 8장 38절은 이렇게 말씀하십니다. "내가 확신하노니 사망이나 생명이나 천사들이나 권세자들이나 현재 일이나 장래 일이나 능력이나 높음이나 깊음이나 다른 어떤 피조물이라도 우리를 우리 주 그리스도 예수 안에 있는 하나님의 사랑에서 끊을 수 없으리라". 자기 아들을 죽이기까지 우리를 사랑하신 하나님이 계획하신 일이라면 믿고 따를 수 있지 않을까요? 하나님의 계획 속에서 모든 것이 합력하여 선을 이룰 줄로 믿습니다.

제가 기억하는 아빠의 마지막 모습은 병원 침대에서 몸부림치는 것이었습니다. 중환자실에 누워 계신 아빠 귀에 휴대전화를 대자 목사님께서 전화로 기도해 주셨고, 기도가 끝나자 아빠는 눈물을 흘리셨습니다. 그리고 아빠 귀에 대고 "아빠 저 왔어요!"라고 말하자 아빠는 무슨 말씀을 하시려는 듯 기관삽관한 산소 호흡기를 혀로 밀어내셨고, 호흡기가 빠지지 않자 온몸을 흔드셨습니다. 제 목소리를 들으셨다는 표시를 하기 위해 마지막 힘을 다해 몸부림치신 것입니다. 저는 그런 아빠의 강인한 모습을 기억합니다. 그렇게 힘든 와중에도 최선을 다해 몸부림치신 아빠에게 이 세상을 살아가는 것은 몸부림치는 것임을 배웁니다. 아빠의 마지막 힘을 다한 최선의 몸부림처럼 저도 그렇게 살아야겠다고 결심합니다.

하나님이 아빠를 천국으로 데려가신 이유를 알 수는 없지만, 이 세상에 남아 있는 우리들은 계속 살아가야 합니다. 최선을 다해 몸부림치듯 이 세상을 살아 내야 합니다. 그것이 몸으로 보여 주신 아빠의 유언이라고 저는 생각합니다. 아빠가 지금 계신다면 "나는 지금 아빠에게 자랑스러운 삶을 살고 있어요!"라고 말할 수 있어야 합니다. 이 몸부림의 유언을 우리 가족 모두 기억했으면 좋겠습니다.

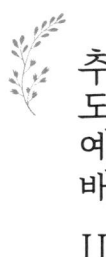

추도예배 II

　죽음은 슬픈 일입니다. 사랑하는 사람의 죽음은 자신의 소중한 존재 일부분을 잃어버리는 것과 같습니다. 아빠와 연결돼 있던 나의 몸과 정신 등 모든 관계를 잃어버리는 고통입니다. 나의 존재가 이 세상에서 없어지는 일이니 당연히 아프고 고통스러울 수밖에 없습니다. 우리가 아빠를 사랑하면 사랑했던 만큼 상실의 고통은 더욱 클 수밖에 없습니다. 나사로의 죽음 앞에서 예수님도 슬퍼하셨습니다. 죽음을 슬퍼하고 고통스러워하는 것은 당연한 일입니다.

　인간은 원래 죽지 않는 존재였다고 성경은 말하고 있습니다. 아담과 하와가 에덴동산에서 범죄 하지 않았다면 인간은 영원히 살 수 있는 존재였습니다. 그들의 범죄 때문에 사망이 이 세상에 들어오게 됐습니다. 그러나 하나님의 아들이신 예수님이 인간의 몸을 입고 이 세상에 오셨습니다. 십자가에서 우리의 모든 죄를 해결해 주셨습니다. 그리고 예수님은 부활하셨습니다. 그러므로 십자가를 믿는 우리 또한 부활에 동참할 수 있게 됐습니다. 이것이 죽음에 대한 우리의 소망입니다.

하나님의 사랑은 이 세상을 살아갈 때만 유효한 것이 아닙니다. 죽음도 하나님의 사랑을 끊을 수 없습니다. 로마서 8장 38절에서 39절은 "내가 확신하노니 사망이나 생명이나 천사들이나 권세자들이나 현재 일이나 장래 일이나 능력이나 높음이나 깊음이나 다른 어떤 피조물이라도 우리를 우리 주 그리스도 예수 안에 있는 하나님의 사랑에서 끊을 수 없으리라"고 말씀하고 있습니다. 즉 사망도 하나님의 사랑을 끊을 수 없습니다. 우리는 죽을 때 하나님의 사랑 속에서 천국으로 가게 됩니다.

천국에서도 하나님의 사랑은 이어집니다. 천국은 어떤 곳입니까? 우리는 이별했던 아빠와 다시 만나게 될 것이고, 예수님과 영원히 함께 있게 됩니다. 모든 고난, 눈물, 질병, 악, 불의, 죽음이 사라진 곳이 바로 천국입니다. 죽음도 끊을 수 없는 하나님의 사랑이 우리의 죽음 이후에도 계속되면서 무한한 사랑을 느끼게 됩니다. 완전한 사랑이 영원히 지속될 것입니다. 예수님의 얼굴을 직접 보면서 예수님과 대화할 것입니다. 로마서 6장 8절은 "만일 우리가 그리스도와 함께 죽었으면 또한 그와 함께 살 줄을 믿노니"라고 말씀하십니다. 우리는 세상 끝 날에 새 몸을 받게 됩니다. 우리 역시 부활하신 예수님과 똑같이 부활하게 되는 것입니다.

아빠는 돌아가셨습니다. 우리 또한 언젠가 죽음을 맞이하게 됩니다. 슬픈 일입니다. 말로 표현할 수 없을 정도로 아프고 괴로운 고통이 죽음입니다. 하지만 우리에게는 소망이 있습니다. 십자가에서 죽음을 이기신 예수님이 계십니다. 예수님은 이미 죽음을 이기시고 부활하셨습니다. 죽음도 하나님의 사랑에서 우리를 끊어 낼 수 없습니다. 우리를 향한 하나님의 사랑은 영원한 것입니다. 우리는 하나님의 사랑 속에서 죽음을 맞이할 것이고, 천국에 갈 것이며, 우리의 몸 역시 부활할 것입니다. 그러므로 우리는 슬픔 속에서도 소망을 갖습니다. "나는 부활이요 생명이니 나를 믿는 자는 죽어도 살겠고 무릇 살아서 나를 믿는 자는 영원히 죽지 아니하리라"(요한복음 11장 25절~26절)

* 참고 자료
팀 켈러, 『죽음에 관하여』, 윤종석 번역, 두란노, 2020.

나를 사랑하사 나를 위하여

ⓒ 곽태경, 2025

초판 1쇄 발행 2025년 4월 27일

지은이	곽태경
펴낸이	이기봉
편집	좋은땅 편집팀
펴낸곳	도서출판 좋은땅
주소	서울특별시 마포구 양화로12길 26 지월드빌딩 (서교동 395-7)
전화	02)374-8616~7
팩스	02)374-8614
이메일	gworldbook@naver.com
홈페이지	www.g-world.co.kr

ISBN 979-11-388-4209-9 (03810)

- 가격은 뒤표지에 있습니다.
- 이 책은 저작권법에 의하여 보호를 받는 저작물이므로 무단 전재와 복제를 금합니다.
- 파본은 구입하신 서점에서 교환해 드립니다.